# 성령감동 1

김성철 지음

쿰란출판사

## 머리말

샬롬! 이 글을 읽으시는 독자님께 주님의 은혜와 평강이 항상 함께하시기를 축원합니다.

저는 젊어서 앞만 바라보고 살면서 1993년부터 지금까지 연 2-3회 중국, 몽골, 서아시아, 동남아, 미국 등으로 열심히 선교(의료, 구제, 장학금 등)를 다녔습니다.

인생 70이 넘어 교회 장로직임에서 은퇴하고 매일 새벽 4시에 일어나서 새벽기도회를 다니고 있습니다. 기도 후에 말씀을 듣고 기도를 마치고 집에 오면 보통 오전 6시 10분 정도 됩니다. 예전에는 하나님의 말씀이 주마간산(走馬看山)처럼 스쳐 지나갔는데 이제는 그 복음의 진리가 저를 질책하고 있습니다.

그래서 주시는 깨달음에 감동되어 컴퓨터를 켜고 새벽마다 주시

성령
감동

는 말씀을 묵상하며 원문 성경, 번역 성경, 주석 성경을 읽으면서 받은 은혜의 감동을 그날그날 칼럼 식으로 작성하여 저장해 두었습니다. 그리고 현재 운영하는 밴드(https://band.us/@kscy1)와 페이스북에 '신앙 뉴스'라는 제목으로 글을 올리고 있습니다. 그리하여 목사님, 장로님, 집사님, 성도 등과 기타 이방인들을 포함해 전국 754명의 독자들에게 복음의 소식을 알리고 있습니다.

  SNS에서 어떤 스님이 하신 소신 발언으로 "절이나 교회를 습관적으로 다니지 마십시오"라는 메시지에 다시 한번 저의 신앙관을 점검해 봐야겠다는 생각이 들었습니다. 그러면서 더 많은 사람들이 진정한 신앙인의 모습을 향해 나아갔으면 하는 마음으로 이 책을 쓰게 되었습니다.

저에게 가장 마음에 와 닿는 것은, 죄 없으신 예수님이 우리들의 죄를 대신 지고 그 힘든 십자가에 못 박혀 물과 피를 다 쏟으시고 속죄 제물이 되셔서 3일 만에 죄와 사망의 권세를 이기시고 부활 승리하신 것입니다. 그리고 예수 그리스도를 믿고 따르는 자를 영생으로 인도하사 그 삶(법적으로 집행유예 기간)에 따라 심판에서 자유함을 얻어 하나님 아버지의 나라에서 영생하도록 하신 아주 완벽한 '판결 확정서'를 깨닫게 하신 것입니다.

현재 제가 77세의 나이로 이 책을 내놓게 된 것은 하나님의 은혜입니다. 저는 세상이 나를 속일지라도 하나님의 은혜가 있기에 슬퍼하거나 노하지 않고 제 안의 욕망, 거짓, 증오를 모두 내려놓고 바보처럼 십자가의 삶을 살아보려고 합니다.

성령 감동

인생이 긴 것 같지만 지나고 보니 너무 짧습니다. 하나님께 받은 은혜와 사랑의 빚을 갚아나가야 하는 시간이 촉박해짐을 느끼며 이 글을 올립니다.

2024년 10월 15일
전주산돌교회 김성철 장로

# 목차

머리말 _ 2

| | |
|---|---|
| 하나님의 지혜로 대화하라 | 11 |
| 하나님의 심판을 피하는 회개의 삶 | 17 |
| 복음 증인의 삶은 나눔과 베풂이다 | 23 |
| 신분제도에서 자유하게 하신 그리스도 | 28 |
| 누구에게나 죽음은 반드시 찾아온다 | 33 |
| 예수님을 믿었다 | 38 |
| 차라리 나지 않았으면 좋았을 파렴치한 배신자 | 43 |
| 선한 목자와 위선자 | 49 |
| 십자가 고난을 통과하게 해주옵소서! | 55 |
| 세상을 지배하고 있는 마귀를 퇴치하심 | 62 |
| 아름다운 종말 | 67 |
| 그들이 예수를 믿지 아니하다 | 72 |
| 채무자가 채권자에게 빚을 갚는 것처럼 섬기고 봉사하라 | 77 |
| 배신의 행위와 종말 | 82 |

| | |
|---|---|
| 사랑은 희생이다 | 87 |
| 길이요 진리요 생명은 오직 한 분 예수 그리스도 | 93 |
| 보혜사 성령의 역사 | 98 |
| 예수가 누구인지 알고 기도하라 | 103 |
| 신앙과 주술 | 109 |
| 나무와 가지의 원리 | 114 |
| 예수님의 말씀은 세상의 죄악성을 드러낸다 | 119 |
| 예수 믿는 신앙인이 핍박받아야 하는 이유 | 123 |
| 기도 응답을 받는 영적 교제 | 128 |
| 생명의 법과 사망의 법 | 132 |
| 죄와 사망에 대한 세밀한 확증 | 138 |
| 보장받은 안전한 생명 | 143 |
| 인간을 훈련시키는 고난 | 148 |
| 사랑의 본질이 무엇인지 | 153 |

성경에 나오는 짐승들 158

교회의 위선자들에 대하여 166

아말렉 사람들과 싸우다 171

중재자의 중요성 176

반항과 호소에 대한 이해 181

'거짓'이라는 범죄 행위 188

십계명에서 거짓은 가증스러운 죄악 195

110세까지 사는 건강 비결 200

인본주의의 인과응보적인 정죄 205

하나님의 교육 210

하늘과 땅의 통치자 215

자연을 보며 위대하신 하나님의 섭리를 보라 220

죄 없는 자가 먼저 돌로 치라 224

용서하는 배려 229

| 입법자이시며 판결의 권위자이신 하나님 | 235 |
| 우주 만물의 주관자에게 따지지 말라 | 239 |
| 생물계에 대한 하나님의 지혜로운 섭리와 권능 | 244 |
| 자신의 악한 것을 드러내지 말라 | 249 |
| 왜 우리는 죄인인가? | 253 |
| 하나님의 오묘하시고 무한하신 주권적 섭리와 절대적인 능력 | 259 |
| 철저한 회개는 축복의 통로 | 263 |
| 고난과 축복은 하나님의 주권 아래 있다 | 267 |
| 복음은 기쁜 소식이다 | 272 |
| 초대교회 집사의 전도 모습 | 277 |
| 역사에서 밝혀진 예수의 예언 | 282 |
| 천상법에 따른 우주적 심판 | 291 |
| 선택받은 백성의 심판 재촉 | 296 |

# 성령 감동
## 聖靈 感動

# 하나님의 지혜로
# 대화하라

사람이 고난당하는 원인을 놓고 욥과 세 친구들 사이에 벌어진 격론이 욥의 결론적인 답변과 독백으로 마무리되자, 엘리후라는 젊은이가 새롭게 등장하여 욥과 세 친구들을 향해 변론을 이끌어 나간다. 엘리후[1]는 바라겔[2]의 아들로서 그 당시에는 흔한 이름이었다 (삼상 1:1; 대상 26:7).

이름의 뜻을 보면 엘리후의 가정은 여호와 신앙이 확고했던 것 같으며, 그동안 침묵했던 이유가 나이가 어렸기 때문이라고 말한 것을 보면 연장자를 배려해서 대화에 끼어들지 않을 만큼 예의 바른

---

1) '나의 하나님'이란 뜻이다.
2) '하나님이 축복하셨다'라는 뜻이다.

젊은이였던 것처럼 보인다.

엘리후는 람³⁾(룻 4:19) 가문의 부스⁴⁾(창 22:20-21) 사람이었는데, 부스와 욥의 조상 우스(욥 1:1)는 형제였으므로(창 22:20-21) 두 사람은 친척이었을 것이다. 그러므로 엘리후는 욥이 재난당했다는 말을 듣고 위로하기 위해 즉시 찾아왔고, 욥의 친구들이 변론하는 동안 끝까지 듣고만 있었던 것으로 보인다.

그는 자신이 욥과 그 친구들보다 나이가 어리므로 당시 연장자를 높이는 관례에 따라 대화에 끼어들지 않고 있다가 그들의 대화가 다 끝났을 때 화를 내면서 발언을 시작하였다. 욥이 자신을 하나님보다 더 의롭다고 여겼고(욥 32:2), 또 세 친구들은 대답할 말도 찾지 못하면서 욥을 정죄했기 때문이다(욥 32:3).

그가 거룩한 하나님의 정의와 진리에 대한 굳건한 확신과 뜨거운 열정을 가지고 전능하신 하나님의 섭리와 진리에 어긋나는 사상과 행동에 대해 분노를 느꼈다는 것은 바람직한 일로 평가될 수 있다(출 32:19; 레 10:16; 막 11:15-17). 그러나 엘리후는 욥을 오해했던 것 같다. 욥은 하나님께 자신이 극심한 고난을 받을 만한 죄를 짓지 않았다고 항변은 했지만, 자신이 하나님보다 더 의롭다고 말한 적은 없기 때문이다(욥 9:2).

---

3) '높은'이란 뜻으로, 다윗의 조상의 이름이다.
4) '경멸'이란 뜻으로, 아브라함의 동생, 나홀의 둘째 아들이다.

앞서 욥기의 저자는 그동안 대화에 나서지 않았던 엘리후가 발언하게 된 이유에 대해 언급했고(욥 32:1-5), 여기에서는 엘리후 자신이 스스로 그 이유에 대해 밝히고 있다(욥 32:6-9). 즉, 엘리후는 자기의 나이가 어리기 때문에 감히 대화에 끼어들거나 자기 견해를 제시하지 않았다고 말하고 있다('의견' 또는 '아는 바'란 말을 네 번 사용, 욥 32:6, 10, 17, 33:3).

당시에는 늙은이에게 지혜가 있다고 여겼다(욥 12:12). 어떤 사람이 '날 수가 많다', '햇수가 많다'라는 것은 그가 더 많은 지식을 쌓고 경험을 통한 통찰력이 있다는 말이었다(대하 10:6-8; 잠 9:11). 그래서 엘리후는 욥의 고난에 대한 지혜로운 교훈이 나올 것으로 기대하고 대화에 간섭하지 않았다는 것이다. 그러나 그는 다시 지혜는 나이가 많은 것에서 오는 것이 아니라 사람 안에 있는 영(마음)과 전능하신 분의 호흡(전능자의 기운, 창 2:7)에서 오는 것이므로 그 속에 영이 있고 하나님께서 주신 호흡을 가진 젊은이도 지혜를 가질 수 있다고 말한다(욥 32:8-9). 말하자면 엘리후는 사람의 영혼 속에 하나님께서 주시는 호흡(통찰력)이 나이나 인생의 연륜 속에서 얻는 일반 지혜보다 훨씬 더 탁월하다는 것이다.

이것은 엘리후 자신이 하는 말에 하나님께로부터 영감된 신적 권위가 있음을 강조하는 것으로 볼 수 있다. 지금까지 엘리후는 욥의 세 친구의 말을 주의 깊게 들어왔지만, 그들의 말은 고난은 범죄에 대한 응분의 처벌이라는 통속적인 인과응보설에 근거한 것으로서(욥 11:6, 18:5) 욥을 정죄하기만 했을 뿐 설득하거나 이해시키지 못했다고 주장한다(욥 32:12). 즉 고난의 원인이 죄라고 했으면 그 범죄 내용을 구체적으로 지적하고 증거를 제시했어야 한다는 것이다.

엘리후가 자신의 말을 들으라고 요청하고 있는데(욥 32:10, 33:1, 31), 이는 그들이 자기가 어리기 때문에 자기 말을 듣지 않을 것이라고 생각했기 때문이다. 이제 엘리후는 세 친구들의 변론이 실패한 것과는 달리 욥의 고난 속에는 그들이 깨닫지 못한 하나님의 또 다른 의로우신 섭리가 있음을 암시한다(욥 32:9). 그리고 자신이 바로 그러한 하나님의 깊고 의로우신 섭리를 깨닫게 하는 지혜를 가지고 욥을 설득할 수 있다는 강한 자신감을 나타낸다(욥 32:13).

또한 자신의 말은 주관적이고 논쟁적인 세 친구들의 발언과는 달리 객관적이고 독립적인 것이라고 말한다(욥 32:14). 엘리후는 욥이 자신에게는 세 친구에게 대항하여 말한 것처럼 말하지 않았으므로 자신도 욥에게 대항하여 말하지 않겠다고 했다. 세 친구가 더는 말을 하지 않자(욥 32:1, 5) 이제 엘리후는 형식적인 논리에 근거한 어리석고 편견적인 변론을 더는 묵인할 수 없어서 공박했다. 그러면서 이제부터는 욥을 대화의 상대로 삼아 의로운 열심과 뜨거운 책임감을 가지고 자신의 변론을 전개시키려고 했다.

욥의 변론을 듣고도 아무 말도 못 하는 어리석은 친구들의 논쟁을 지켜보던 엘리후는 이제 그들을 대신하여 욥과 변론할 수밖에 없는 이유를 강조한다. 이것은 자신이 변론에 개입하게 된 동기가 욥의 친구들과는 달리 매우 신중한 동기에서 비롯되었다는 뜻이다. 친구들은 하나님께 구하여 변론을 하지 않고 자신들의 경험과 연륜에 따라 변론하는 반면, 엘리후는 자신의 지혜가 하나님께로부터 온 것임을 선언하면서(욥 32:8) 욥의 친구들의 인과응보설에 근거한 논리가 잘못되었음을 지적하였다. 엘리후는 자신의 영(인간의 내적 심리 상태)이 욥에 대하여 답변할 말을 하고 싶어 더는 침묵할 수 없는 지경에 이르렀다고 말한다. 이로 미루어 볼 때 그는 진리의 빛을 밝게 해야 한다는 사명감뿐 아니라 하나님의 지혜와 섭리를 간절히 사모하는 뜨거운 열정이 있었음을 알 수 있다.

엘리후는 자기 속에 '말이 가득하다'(욥 32:18)라고 했는데, 실제로 그의 발언(욥 32:6-37:24, 그중 34:1, 35:1, 36:1은 제외)은 모두 157절이나 되며(욥은 158절, 26-31장, 그중 26:1, 27:1, 29:1은 제외), 세 친구의 발언(엘리바스 110절, 빌닷 46절, 소발이 47절)보다 훨씬 더 길다. 그는 이것을 포도주통과 가죽 부대에 비유했는데(욥 32:19), 포도주에서 나오는 발효된 가스가 구멍이 없으면 팽창하여 터지는 것처럼 자기의 생각들이 가득 차서 터질 지경이라는 것이다.

앞서 세 친구들은 욥을 공격하는 데 한 패가 되어 서로의 말을 뒷받침하기도 하고 때로는 아첨도 하였다. 그러나 엘리후는 아첨하는 죄를 공정하지 못한 술책이요 나쁜 악으로 간주했으며, 만일 아첨하면 그에게 생명을 주신 분(욥 4:17, 9:9)께서 그 생명을 취하실 것이라고 했다(욥 32:22). 따라서 그는 어느 한쪽에 아첨하여 이기게 하려고 편을 들지 않겠다고 다짐하였다.

# 하나님의 심판을 피하는 회개의 삶

지금으로부터 약 2,500년 전 아론의 자손으로 잇도의 아들 베레갸와 베레갸의 아들 스가랴(슥 1:1, 7)는 레위인을 이끄는 제사장이며, 여호와 하나님의 말씀을 예언한 선지자였다. 스가랴는 남 유다가 바벨론에 패망한 이후 성전 재건을 진행하다가 14년 동안이나 성전 건축이 중단됨으로써 혼돈과 분열에 빠져 있는 이스라엘 백성들에게 성전을 재건하도록 격려하며 무려 40년 동안 사역을 했다. 스가랴의 활동은 성전 재건 사업에서 성전 건물 자체를 완성하는 것보다 성전이 예표하는 바 곧 메시아의 도래와 그의 왕국을 맞이하는 데 의의가 있음을 밝힘으로써, 선민으로서의 바른 신앙 자세를 회복케 하려는 동기에서 비롯되었다.

그의 선포에는 상징적 환상이 많고 풍부한 메시아 예언이 내포되어 있으며, 그는 종말론적인 예언으로 이스라엘 백성들의 게으르고 나태한 인본주의적인 종교관을 책망한다. 오늘날에도 스가랴 같은 메시아적 선지자들이 나타나야 한다. 물질을 추구하는 인본주의 종교관을 여호와를 앙망하는 신앙관으로 변혁시켜야 한다. 누구나 사람은 늙고, 늙으면 죽는다. 그리고 심판이 있다는 것은 성도라면 누구나 다 알고 있는 사실이다. 2,000년 전에도 이스라엘 조상들이 악한 길로 행하며 살았기에(슥 1:4) 여호와께서 스가랴에게 임하여 크게 진노하시며(슥 1:2) "너희는 내게 돌아오라. 그러면 나도 너희에게로 돌아가겠다"라고 말씀하셨다(슥 1:3). 그러나 그들은 하나님의 말씀을 듣지도 않고 귀를 기울이지도 않았다. 하나님께서는 택한 백성들에게 회개를 촉구하면서 회개해야 하는 이유를 스가랴에게 환상을 통해 알려 주신다(슥 1:1-8).

첫째, 구리로 된 두 산 사이에서 나오는 네 대의 전차의 모습이다(슥 6:1). 구리[5](참고. 계 1:15)로 된 두 산(아마도 시온산과 올리브산) 사이는 '심판의 골짜기'라고도 불리는 여호사밧 골짜기(욜 3:2, 14)를 의미하는데 그곳에서 네 전차가 나왔다. 여기에서 넷은 네 뿔(슥 1:18), 네 대장장이(슥 1:20), 네 바람(단 7:2) 등과 같이 온 세상 사방을 의미한다. 즉, 이것은 온 세상에 두루 하나님의 심판이 있을 것과 이스라엘

---

[5] '견고함과 영원함'을 뜻한다.

주변에 있는 모든 대적들을 물리치려는 하나님의 계획을 보여준다. 고대인들에게 있어서 전차는 가장 강력한 전쟁 무기 중 하나이며, 하나님의 심판을 강력히 집행할 천사들[6]을 의미한다(슥 7:6).

둘째, 말들은 신속한 기동력과 힘을 상징하는데, 여기에서 네 전차들을 이끄는 말들은 전차와 함께 하나님의 심판의 신속함과 강력함을 의미한다. 또한 이 말들의 고유한 색깔도 각기 상징적인 의미를 지니고 있다.

셋째, 붉은 말들의 붉은색은 전쟁과 피 흘림을 말하고(슥 1:8; 계 6:4), 검은 말들에서 검은색은 기근과 애통, 죽음을 상징하며(렘 4:28; 계 6:5), 흰 말들에서 흰색은 승리와 기쁨을 상징하고(계 6:2; 19:11), 얼룩진 힘센 말들에서 얼룩진 것은 우박이 떨어져 땅바닥의 색깔이 얼룩얼룩해진 것을 나타내며, 기근과 질병 또는 기쁨과 슬픔, 칼과 기근 등을 의미한다고 할 수 있다. 이 네 전차들과 그것들을 이끄는 네 말은 하나님의 진노와 긍휼을 베푸는 하나님의 대리 사역자들로서 하나님의 백성을 보호하고 대적들을 징벌하는 역할을 수행한다.

넷째, 그 환상의 의미는(슥 6:6-8), 두 산 사이에서 나오는 여러 색깔의 말들이 각처로 달려갔는데, 검은 말과 흰 말은 북쪽으로 달려가서 바벨론의 교만을 무너뜨리고 완전히 정복한다(렘 50:46). 얼룩진 말들은 이집트를 물리치고 세상을 돌아다니면서 순찰하는 일을

---

[6] 또는 '하늘의 네 마리'를 의미한다.

한다. 이것은 하나님께서 교회나 영적인 영역뿐 아니라 세상의 모든 즉, 지역을 다스리시고 통제하신다는 사실을 의미한다. 하나님께서는 각 전쟁과 죽음을 상징하는 붉은 말들과 검은 말들, 승리의 상징인 흰 말들과 심판의 엄격함과 신속함을 상징하는 얼룩진 힘센 말들을 보여줌으로써 마지막 심판 날에 모든 사람들은 죽음과 승리의 대열 중 어느 한쪽에 서게 될 것임을 보여주신다. 그때 하나님께서 원수들을 멸하시고 온전한 하나님의 나라를 세우실 것이며, 비로소 하나님의 영광스러운 나라가 완성될 것이다.

스가랴는 여덟 가지 환상을 본 지 약 2년 정도가 지난 다리오 4년(B.C. 518 참조. 왕하 25:8-9, 23-25)에 5월에 금식하던 예식을 성전 재건이 시작된 지금도 계속해야 하는가를 질문하였다. 여호와께서는 그들의 질문에 네 번에 걸쳐 답변하시면서 책망하시며 영적인 교훈을 주셨다(슥 7:4-8:23).

첫 번째 책망은 5월(예루살렘 멸망의 날)과 7월(왕하 25:25-26)의 금식에 대한 것이었다. 이스라엘은 비극적인 과거를 기억하기 위해 금식했는데, 이 금식은 율법에 규정되어 있거나 하나님의 뜻에 의한 것도 아니었다. 다만 포로 신세가 된 자신들의 처지가 비참하게 느껴졌기 때문에 통분하는 마음으로 한 금식인데 해가 거듭될수록 형식적이고 위선적인 것이 되었다. 비록 율법에 정해진 금식이 아니라 할지라도 성전 재건을 위하여 하나님께 순종하는 경건한 신앙으로 엄

숙히 금식하지 않았던 것이다. 그들의 금식 기도는 자기 과시와 스스로의 만족을 위한 형식적인 종교 행위에 그쳤고, 하나님을 욕되게 하는 가증스러운 범죄 행위가 되었다.

두 번째 책망은 불순종에 대한 것이다. 이스라엘의 과거 역사를 되돌아보면서 이스라엘 백성들이 하나님 말씀에 불순종했음을 지적하고 스스로 회개하고 돌이킬 것과 실생활에서 의를 드러낼 것을 촉구하였다. 이웃과의 진실된 관계가 없는 경건(약 1:27)이나 금식은 하나님의 공의(잠 2:9)로운 원리에 위배되므로 올바르게 깨닫고 율법의 정신을 따라 철저하게 생활하도록 권고하면서 네 가지 생활 기준을 제시하고 있다.

첫째, 인간적인 정 때문에 부당한 판결을 내려서는 안 되고, 우선적으로 공평하고 진실되며 합리적인 판결을 해야 한다(슥 7:9). 둘째, 냉정하고 이기적인 태도를 버리고 서로 간에 인애와 긍휼을 베풀고, 거짓 없이 변함없는 사랑을 보여야 한다(슥 7:9). 셋째, 가장 약하고 궁핍하고 법적인 보호를 받기 어려운 과부나 고아, 나그네(현재 차상위 계층) 등에 대해 관심을 가져야 하며 압제하지 말아야 한다(슥 7:10; 암 2:6-8; 마 25:40, 45). 넷째, 남을 해치려고 마음속으로 계획해서는 안 된다(슥 7:10). 악한 계획은 실행되지 않더라도 실제적인 죄와 같고 심각한 범죄 행위(형법 제31조, 미필적 고의)가 된다(마 5:28).

하나님께서는 이런 생활 기준을 지키지 않으면서 하는 금식은 위선적이고 형식적이라고 책망하신다. 예나 지금이나 신앙인이라고 자처하는 성도들마저 하나님 말씀을 듣지 않으려고 한다. 고대 이스라엘 백성은 멍에를 지지 않으려는 황소처럼 등을 돌리면서 하나님을 완고하게 거부하며, 말씀을 듣지 않으려고 귀를 막고(슥 7:11), 하나님 뜻을 좇으려 하지 않았고, 회개할 수 있는 기회까지 거절하였다. 그들은 금강석처럼 완고하고 무감각해서 하나님의 말씀에 둔감하고 무관심하였다.[7] 이러한 상태에서는 어떤 종교적 행위도 헛되고 무의미하다. 정의를 실현하는 모습이 실제의 삶에 있어서 앞서야 한다(사 1:16-17; 미 6:8).

---

7) 오늘날의 성도들도 인본주의나 유물론적인 메시지에도 무조건 '아멘' 한다.

# 복음 증인의 삶은
# 나눔과 베풂이다

예수님이 승천하신 후 사도들과 마가의 다락방에 모여 있던 사람들은 그리스도 안에서 기도 가운데 자신들의 짐도 함께 짊어졌고 승리의 기쁨도 함께 나누었다. 그들은 전개되는 상황을 진지하게 받아들이고 한마음으로 하나님의 말씀을 들었다. 교회는 박해를 받을 때는 내적으로 한마음으로 단결되고 정결케 되지만, 부흥할 때는 오히려 분열되고 썩는다. 제자들에게는 함구령이 내려졌지만, 목소리를 높여 하나님께 기도하였다. 그들에게는 세 가지 확신이 있었다.

첫째, 그들은 하나님의 능력을 확신하였다(행 4:24). 하늘과 땅과 바다와 그 안에 있는 모든 것을 지으시고 섭리하시는 하나님이 함께 하심을 굳게 믿었기 때문에 그들은 대적자들보다 더 강하였다.

둘째, 그들은 인간의 반역이 무기력함을 확신하였다(행 4:25). 그들은 메시아에 대해 예언한 시편 2편 1절을 인용하여 주님과 그분의 그리스도를 대적하는 것이 얼마나 헛되고 무기력한 노력인가를 언급하고 있다. '분노하다'[8](행 4:25)는 제1부정 과거형이며, 이곳에만 나온다. 사람들이 아무리 거칠게 하나님께 반항해도 결국에는 하나님께서 모든 것을 다스리실 것이다. 여기에서 한 가지 유의해야 할 것은, 베드로가 시편을 인용해 주님께서 다윗의 입을 통하여 성령으로 말씀하셨음을 언급했다는 사실이다.

셋째, 그들은 하나님의 예정을 확신하였다(행 4:27-28). 빌라도를 비롯하여 여러 부류의 사람들이 예수님을 대적하려고 예루살렘에 모였지만, 그것도 주님의 손과 뜻으로 미리 정해진 일이었다는 것이다. 따라서 교회에 대한 핍박은 하나님께서 정하신 것이며 결국 그들의 악한 계획은 수포로 돌아가고 말 것이다.

사도들은 세 가지 내용의 기도를 드렸다.

첫째, 핍박자들의 위협을 막거나 약화시켜 달라고 한 것이 아니라 이 상황을 굽어보시고[9](행 4:29) 적절하게 대처할 수 있게 해달라고 기도했다.

둘째, 주님의 말씀을 담대하게 전할 수 있기를 구했다(행 4:29). 복

---

8) '말처럼 울어대다', '길들이지 않은 말이 땅을 박차고 뛰어다니다'라는 뜻이다.
9) '눈을 떼지 않고 지켜보다', '돌아보다'라는 뜻이다.

음 전파가 위협을 받는 상황 속에서도 주님의 말씀을 담대하고 능력 있게 전파할 수 있도록 해달라는 기도이다. 여기에서 "하여 주시오며"는 제2부정 과거형으로서 "지금 즉시 주옵소서" 즉 급박한 상황에서 시급히 요구할 때 사용하는 표현이다.

셋째, 병 고침과 기사가 일어나게 해달라고 기도했다(행 4:30). 이러한 표적과 기사가 일어나기를 구한 것은, 이를 통해 예수님의 메시아 되심을 증거하고 하나님의 나라가 임하였다는 것을 알리고 사도권을 인정하는 표식(행 14:3)이 되도록 하기 위함이었다.

이러한 기도가 끝났을 때 세 가지 현상이 일어났다. ① 그들이 모여 있던 곳이 흔들렸다. 이것은 바람에 흔들리거나(마 11:7) 지진으로 진동하는 것(행 16:26)을 의미한다. 기도의 응답으로 지진이 일어날 때처럼 집이 심하게 흔들린 상태를 나타낸다고 볼 수 있다. ② 성령으로 충만해졌다. 사람들은 모든 죄로부터 깨끗함을 받을 때 단 한 번의 성령(불) 세례를 받지만, 성령은 특별한 사역을 위해 일시적으로가 아니라 영구적, 계속적으로 충만하게 받아야만 한다(행 4:8, 6:3, 13:9; 엡 5:18). 여기에서 '충만하다'는 부정과 과거형이 아니라 현재 명령법으로 되어 있다. 즉 '성령의 충만을 받으라'이다. ③ 하나님의 말씀을 담대하게 전하였다. 하나님은 자신이 택한 백성들이 믿음 안에서 자신의 뜻에 맞는 기도를 할 때에 확실하게 응답하신다. 그들은 성령으로 충만하게 되어 거리낌 없이 용기 있게 복음을 전하였다.

초대교회가 성장한 요인은 크게 네 가지였다. 첫째는 교회의 영적인 통일성(행 4:32)이다. 이것은 모두 한마음 한뜻이 되는 것이다. 마음에는 감정(롬 9:2), 의지(고전 4:5), 지식(롬 10:6)이 자리 잡고 있는데 이것이 하나가 되는 것이다. 한마음 한뜻이 된다는 것은 완전히 하나가 되는 것(대상 12:38; 렘 32:39; 막 12:30)을 의미하며, 그리스도를 머리로 하여 한 몸을 이룰 때 가능하다.

둘째는 교회의 무한한 사랑(행 4:32, 34-37)이다. 초대교회는 모든 것을 공동으로 소유했다. 자기 소유물을 자기 것이라고 하지 않았는데, 그 배후에는 성령의 강력한 역사가 있었다. 칼 마르크스의 공산주의가 폭력과 전쟁, 가난만을 남겨둔 채 역사의 뒤안길로 사라진 것은 그에게는 하나님의 도우심이나 성령의 역사가 없었기 때문이다.

셋째, 교회가 그리스도의 부활에 대해 담대히 증언한 것이다(행 4:33). 교회는 큰 능력으로 주 예수님의 부활에 대해 증언하였고, 부활은 사도들의 교훈과 설교, 증거에 있어서 핵심적인 내용이었다(행 1:22). 사도들은 하나님의 큰 능력이 함께하시므로 예수님의 부활을 담대히 증언할 수 있었다. 여기에서 '증언하다'는 '돌려 주다', '빚을 갚다'를 의미하며 법적인 빚을 갚는 것을 나타낸다. 사도들은 그리스도의 부활을 전하는 것을 갚아야 할 빚으로 알고 최선을 다하였다(행 1:22).

넷째, 교회에 하나님의 큰 은혜가 임하였다(행 4:33). 교회 안에는 가난한 사람이 하나도 없었다. 사람들이 땅이나 집을 팔아 사도들에게 가져다주었고, 그것을 필요한 만큼 사람들에게 나누어주었기 때문이다. 가진 자와 없는 자 사이에 극단적인 대립 양상을 보이고 있는 오늘날 이러한 초대교회의 분배 정신은 실로 모범적인 본보기가 아닐 수 없다.

# 신분제도에서 자유하게 하신 그리스도

18세기 프랑스 사회에서 제1신분(추기경, 로마 가톨릭 고위 성직자)과 제2신분(귀족)은 세금 면제와 온갖 향락, 쾌락을 누리며 주요 관직을 독점하였다. 그러나 프랑스 인구의 약 98퍼센트를 차지하던 제3신분(평민, 시민)은 쾌락과 향락에 빠져 사는 귀족들(1, 2신분)과 무능한 프랑스 정부를 뒷받침하기 위해 무거운 세금을 부담하느라 불만이 점점 쌓여 가고 있었다. 이에 항거해 일어난 국민적 프랑스 혁명(The French Revolution)은 바스티유 감옥 습격 사건이 시발점이 되어 루이 16세가 처형된 1789년 7월 14일부터 1794년 7월 28일까지 진행된 사건을 말하지만, 프랑스 혁명 그 자체는 1830년에 일어난 7월 혁명과 1848년에 일어난 2월 혁명까지 모두 포함한 명칭이다.

그런데 사실을 살펴보면 프랑스 혁명은 자유, 평등, 박애와 같은 형이상학적인 것에 대한 희망에서 나온 것이 아니라 양식과 양식의 소유, 가격, 분배의 문제, 즉 식(食)의 문제와 세금과 세금의 몫, 할당, 징수의 문제, 그리고 사유재산과 그 종류, 사유재산의 문제, 공적 권리와 공적 권리의 범위 한계 등의 경제와 사회의 문제가 주요 원인이다.

프랑스 국민들은 프랑스 혁명(1789~1794)으로 여러 1, 2신분(귀족)들과 루이 16세를 타도하고 처형했다. 또 7월 혁명(1830)으로 루이 필립을 타도했고 프랑스 왕국의 종말이 이루어졌다. 하지만 7월과 2월 혁명은 1789~1794년의 혁명보다 참여율이 저조하였다. 프랑스 혁명이라고 하면 대부분 루이 16세가 처형을 당한 1789년의 혁명을 가리킨다.

당시 국민공회에서 입헌군주제를 주장한 지롱드당이 의장석의 오른쪽 자리에 앉고, 중간 성향의 마레당이 가운데 앉았으며, 급진 개혁을 주장하는 몽테뉴당이 왼쪽에 앉았다. 여기에서 'The right'(우파), 'The left'(좌파)라는 단어가 유래되었다. 이후 20세기 들어서 여러 문헌에 'Right-wing', 'Left-wing'이란 용어가 함께 쓰이기 시작했는데 이를 한국어로 번역하면 '우익', '좌익'이다. 그러나 오늘날에는 우파(우익)와 좌파(좌익)를 크게 구분하지 않기도 한다.

한편, 현대에도 많은 국가의 의회에서 의장석을 기준으로 우익 성당일수록 우측에, 좌익 정당일수록 좌측에 의석이 배정되는 관례가 있다. 우익 집단은 자유 보수주의자들의 권위주의를 따르는 왕정 전통주의자들이다. 좌파는 평등을 추구하고 사회계급 구분과 경제적 불평등을 해소하려 하는 정치적 입장으로, 우익과 대립하는 개념이다. 대체로 좌익은 기존의 사회적 계층에 반발하고 큰 정부와 국가 권력의 간섭에 의한 불평등의 해소를 추구하고 인류의 보편적 평등을 보장함으로써 사회가 좀더 이상적으로 변하기를 원한다. 또한 경제적인 입장과는 별개로 기존의 사회계급에 반대하는 진보주의적인 사상들을 가리킨다.

구약에서 지정된 직분들은 제사장(출 28:1), 레위(대상 6:48) 등이다. 이것은 고대부터 직무상 마땅히 해야 할 본분(本分)인 직분(職分, position)이다. 예를 들어 레위인들은 성전 문지기의 일(대상 9:22), 성물을 정결케 하는 일(대상 23:28)을 하였으며 이 일들은 하나님의 사람 다윗이 그들에게 맡긴 일이다(대하 8:14).

신약에서는 유대인이나 이방인의 구별 없이 집사(딤전 3:13), 사도(롬 11:13), 목회자(골 4:17), 감독(딤전 3:1) 등의 직분이 있었다. 교회 직분자가 되려면 다음과 같은 것이 요구된다. 타고난 성품의 자질에서 책망할 것이 없어야 하고(딤전 3:2; 딛 1:6-7), 한 아내의 남편이 되고(딤전 3:2, 12; 딛 1:6), 믿는 아내를 두어야 한다. 자신의 행동을 조절하는 능력, 온건함, 정욕을 통제하는 절제를 위해 매사에 생각이 깊고 조심스러워 사리를 잘 판단하고 처리하는 지혜가 요구된다(딤전 3:2; 딛 1:8).

성품이나 행동이 깔끔하고 신중하며 단정(딤전 3:2, 8)하고, 항상 손님을 맞아 친절히 대우하며 나그네를 대접하고(딤전 3:2; 딛 1:8), 가르치기를 잘해야 한다(딤전 3:2, 5:17; 딛 1:9). 술을 즐기지 아니하며(딤전 3:3, 8; 딛 1:7), 사람을 심하게 구타하지 아니하며(딤전 3:3; 딛 1:7), 남을 너그럽게 받아들이거나 용서하고(렘 13:14) 관용하며(딤전 3:3), 서로 다투지 않아야 한다(딤전 3:3). 일만 악의 뿌리가 되는 돈(딤전 6:10)을 사랑하지 아니하며(딤전 3:3), 자기 집을 잘 다스리고(딤전 3:4, 12), 외인(外人)에게도 선한 증거를 얻는 자(딤전 3:7)여야 한다. 더러운 이익을 탐하지 아니하고(딤전 3:8; 딛 1:7), 선악을 구별할 수 있는 깨끗한 양심으로 믿음의 비밀을 가진 자라야 한다(딤전 3:9).

또 일구이언을 하지 아니하고(딤전 3:8), 믿는 자녀를 두어야 하고(딤전 3:4, 12; 딛 1:6), 고집대로 행치 않으며(딛 1:7) 급한 혈기로 분내지 않으며(딛 1:7), 선을 좋아하여(딛 1:8) 선한 길(잠 2:9)을 가며 의롭고 거룩해야 한다(딛 1:8). 이런 교훈은 예수 믿고 부활 소망을 이뤄 가는 것이 얼마나 힘든 여정(旅程)인지를 잘 나타내고 있다.

대한예수교장로회(통합) 교단 총회에서도 50:50 정도로 신분제도(원로)에 대하여 폐지하자는 주장이 더 많아지고 있다. 교회는 자유민주주의와 평등이 있고 신분과 관계없이 하나님을 아버지로 모시고 그 아들 예수 그리스도의 새 계명을 믿고 순종(실천)하면 부활 소망을 이루는 곳이다. 그래서 교회에서 일하는 사람은 직무에 따라 착하고 충성된 일꾼이면 된다. 신분을 과시하고 주장하며 세상에서 사람들을 속이는 도구로 사용하여 죄에 빠지는 일이 없어야 한다.

# 누구에게나 죽음은
# 반드시 찾아온다

　유대 지방에서 사람이 죽으면 당일이나(요 19:41-42) 길게는 3일 동안 시체를 그냥 놔두는 것, 죽은 후 3일간은 몸을 떠난 영이 무덤 주변을 돌아다니다가 다시 몸에 들어와 살아난다고 생각하였기 때문이다. 그래서 3일을 애곡의 날로 삼았으며, 4일이 되면 시체가 썩기 시작해서 영이 무덤을 떠난다고 생각하고 4일 동안 장례 행사를 계속하였다. 그러므로 죽은 지 4일(나흘)이 되었다는 것은, 소위 유대인들이 영혼이 남아 있다고 생각하는 기간이 지나 완전히 되돌릴 수 없는 죽은 상태임을 나타낸다고 볼 수 있다. 요한이 나사로의 죽음에 관해 '나흘'을 언급한 것은 나사로를 다시 살리신 예수님의 신적인 능력을 더욱 두드러지게 부각시키려고 했기 때문일 수 있다.

예수님이 죽은 나사로를 살리신 기사를 보면 마르다는 베다니에 살았으며 나사로의 누이이자 마리아의 언니이다(눅 10:38-39; 요 11:1-40, 12:1-11). 예루살렘에서 베다니까지의 거리(약 3km)가 언급된 것은 문상 오기에 가까운 거리였음을 알려 주려고 한 것 같다. 이 기적은 많은 유대인들이 예수님의 표적을 볼 수 있는 좋은 기회가 되었으며, 일부 적대적인 사람들도 있었지만(요 11:46) '예수님께서 하신 일을 본 유대인들 중 많은 사람'(요 11:45)이 예수님을 믿게 되었다.

한편 예수님께서 오신다는 말을 듣고 두 자매는 성격대로 각각 다르게 반응한다. 마르다는 활동적, 적극적이며 매사에 앞장을 서는 반면에 마리아는 사색적, 헌신적이며 그는 기다리는 성격이다. 마르다는 '여주인'이라는 뜻이고, 마리아는 '높음, 고상함'이라는 뜻을 가지고 있다. 물론 마르다는 상주였으므로 나가서 맞이했을 수 있다. 마리아도 마르다와 똑같은 말을 하였다(요 11:32).

분명히 두 자매는 예수님을 간절히 기다리면서 예수님의 더디 오심에 대해 이야기했을 것이다. 마르다는 예수님이 더디 오신 것에 대해서가 아니라 함께 계시지 않은 것에 대해 원망하고 있다. 물론 그녀는 예수님이 아무리 빨리 오셔도 나사로가 죽기 전에 올 수 없음을 잘 알고 있었을 것이다. 그러나 예수님께서는 먼 곳에서도 고칠 수 있으시며(백부장처럼, 마 8:8) 죽은 자를 다시 살릴 수 있으시다는 것까지는 믿지 못한 것이다.

마르다의 믿음은 매우 초보적이고 인간적인 신뢰 수준에 머물러 있었다. 주님께서 구하시는 것은, 즉 사람이 하나님께 구한다는 뜻이다(요 14:13, 15:16 등). 예수님은 동등한 위치에서 '구하다'라는 말을 사용하셨다(요 16:26). 이것은 예수님에 대한 마르다의 낮은 수준의 믿음을 나타낸다고 볼 수 있다. 화약이 탄소와 유황, 초석으로 이루어져 폭발력을 갖듯이 믿음도 지적인 확신, 감정적인 신뢰, 의지적인 충성이 결합되어야 온전한 믿음이 될 수 있다.

마르다가 미처 구하지 못한 것을 예수님께서 대신 지적해 주셨다. 그러나 마르다는 이 말씀을 이해하고 받아들일 만한 믿음의 준비가 되어 있지 않았다. 마르다는 예수님의 말씀을 마지막 날의 부활을 가르치는 정통 유대교의 가르침으로만 이해하려고 하였다. 바로 여기에 유대교의 경계를 벗어나지 못한 마르다의 믿음의 한계가 있다. 그녀는 사랑하는 자를 잃은 슬픔과 무겁게 억누르는 죽음의 불안을 부활의 기쁨으로 바꾸기에는 믿음의 기초가 너무나 약했다. 미래의 부활을 교리로는 알았지만, 현재의 부활을 사실로 믿지는 않았다.

'나는 부활이요 생명이다'가 다섯 번째 나오고 있다(요 6:35). '부활하게 해 줄 것이다', '생명을 줄 것이다'라고 하지 않으시고 그 자신이 부활이요 생명이라고 말씀하셨다. 지금까지는 '나는…이다'가 주로 신성을 표현하는 비유(생명의 떡, 요 6:48 등)였지만, 여기에서는 그 자신이 부활의 근원과 집행자, 현재나 미래에 인간에게 주는 생명의 수여자와 선물이심을 말씀하셨다.

예수님은 '부활의 첫 열매'이시므로 우리의 '영원한 생명'을 보장하는 보증이 되신다(고전 15:12-19). 예수님을 믿는 자에게 있어서 육체의 죽음은 모든 것의 마지막이 아니라 영생의 시작이다. 인간은 '죽음으로 향하는 존재'가 아니라 '영생으로 향하는 실존'이다. 이 말씀은 마르다가 예수님을 부활과 생명의 주로 믿으면 나사로가 일시적으로 다시 살아나게 되리라는 것을 의미할 수도 있지만, 그보다 예수님을 믿는 모든 성도가 영원히 부활하게 될 것이라는 사실에 대한 언급이라고 볼 수 있다.

"누구든지 살아서 나를 믿는 사람은 영원히 죽지 않을 것이다." 이 말씀은 살아 있는 성도를 가리키며, 살아서 그리스도를 믿는 성도들도 육체적으로는 죽을 것이지만 '사망에서 생명으로 옮겨갔기' 때문에(요 5:24) 육체적 죽음이 궁극적인 마지막이 되지는 않을 것임을 말한다. 그는 후에 그리스도와 함께 부활하여 하늘나라에 있게 될 것이다(롬 8:1; 고후 4:14; 엡 2:6; 골 2:12, 3:1; 벧전 1:23).

"나는 부활이다(나를 믿는 사람은 영원히 죽지 않을 것이다). 너는 이것을 믿느냐?"라는 질문에 마르다는 두 번 '압니다'라고 고백했다(요 11:22, 24). 예수님께서는 이제 그녀에게 믿음의 여부를 물으셨다. 마르다가 예수님께서 부활과 생명에 대해 가르치신 것을 믿음으로 받아들이지 못하고 지식으로만 동의한 것에 대해 예수님께서는 믿음의 결단을 촉구하셨다. 이는 오늘날 모든 성도가 깊이 생각해 보아야 할 교훈이다. 지식으로만 동의한다는 것은 보여주기 식이나 형식적인 절차로 무의미하게 아무런 감동 없이 봉사하는 것을 나타낸다. 그 예는 그들의 삶에 사랑이 없는 것(인색하고 강퍅함)에서 확인된다. 즉 위선자인 것이다.

부활과 생명은 단순히 이해하고 동의하는 것이 아니라 믿음으로 받아들이고 체험하는 것이다. 마르다가 이 중요한 부활과 생명의 진리를 완전히 이해했다고 볼 수는 없지만, 예수님에 대한 믿음을 "주는 그리스도이시며 하나님의 아들이심을 내가 믿는다"라고 명확하게 고백한 것은 신앙고백으로 인도하는 것이 요한복음의 목적이기 때문이다. 여기에서 '내가 믿는다'는 완료형으로서 한 번 믿은 것을 계속적으로 온전히 믿는다는 것이다.

마르다는 인간적인 약점이 있기는 했지만(눅 10:40-41) 이 훌륭한 고백이 보여주는 것처럼 믿음의 여인이었음에 틀림이 없다. 오늘 말씀을 통해서 우리가 더욱더 사랑하기를, 그리고 그냥 사랑하는 것이 아니라 예수님이 명령하신 의미대로 사랑하기를 간절히 원한다.

# 예수님을
# 믿었다

　예수님의 깊은 동정과 고뇌의 눈물에는 나사로를 죽음의 지배에서 해방시키고 하나님의 영광을 나타내기 위한 참된 능력이 숨겨져 있었다. 고대 유대에서 무덤으로 사용한 굴은 수직으로 판 것과 수평으로 판 것이 있었는데 둘 다 입구 쪽은 돌로 덮거나 막아놓았다. 죽은 지 3일이 지나 4일이나 된 나사로의 무덤으로 사용된 굴은 아마도 수평 무덤이었을 것이다.
　주님께서 그 돌을 치우라 하셨는데, 이는 단순히 돌을 치우라는 것이 아니라 생명을 막아놓은 죽음의 권세를 옮겨 놓으라는 권위 있는 명령이라고 할 수 있다. 마르다는 깜짝 놀라서 자신의 생각을 있는 그대로 말했다. 유대 전통에 따라 소생 가능성이 있는 3일이 이미 지났고 시체에서는 벌써 냄새가 난다는 것이었다. 마르다는 예수님을 믿음의 대상으로 보지 않고 냄새나는 시체만 생각하였다. 그녀는 예수님을 바라보지 않고 바람과 물결만 보다가 바다에 빠져 버린 베드로와 똑같았다. 믿으면 하나님의 영광을 볼 수 있지만 사람들은 보고 난 후에 믿으려고 한다(히 11:1).

예수님께서는 마르다의 믿음이 나사로를 다시 살아나게 할 조건이 되는 것이 아니라, 믿지 않으면 부활의 이적을 영적인 눈으로 보지 못할 것이라는 뜻으로 말씀하셨다. 믿음이 없었던 유대인들은 나사로가 부활한 것을 눈으로 보았으나 거기에 나타난 하나님의 영광은 보지 못했다. 현실적이고 구체적이며 계산적인 성격을 가진 마르다도 이성과 경험에 얽매여 하나님을 볼 준비가 갖추어지지 않은 상태였다. "이제는 그 몸에서 냄새가 납니다"라고 한 마르다의 말은 나사로가 다시 살아날 희망이 전혀 없음을 강조하는 표현이라 할 수 있다.

예수님은 냄새나는 무덤이나 시체를 보지 않고 눈을 들어 우러러보며 기도하셨다. 그분은 하나님을 '우리 아버지'라고 하지 않으시고 '내 아버지'(요 5:17) 또는 '아버지'라고 부르셨다. 유대인의 기도문에는 '하나님 아버지'라는 표현이 없다. 그러므로 '아버지'라는 표현은 예수님이 성부 하나님과 밀접하고 친근한 부자 관계에 있음을 보여준다.

예수님께서 자신의 말을 '들어주실'이 아니라 '들어주신'이라 한 것은 성부 하나님께서 성자의 기도를 과거에도 들어주셨고 현재에도 들어주시며 미래에도 들어주실 것을 의미한다. 이것은 성자 자신과 성부가 완전히 하나이고, 또한 성자의 사역이 성부에게 전적으로 의존하고 있음을 나타낸다.

만일 나사로가 살아난다면 예수님이 하나님께서 보내신 증거가 되어 무리들이 믿지 않을 수 없게 될 것이며, 살아나지 못한다면 예수님은 하나님이 보내신 자가 아닐 뿐 아니라 거짓말하는 사기꾼이 되어 돌에 맞게 될 상황이었다. 죽은 자를 향해 "나오라"라고 외치신 것은 인류 역사상 가장 권위 있는 명령 중 하나이다. 예수님께서 큰소리로 외친 것은 나사로가 들으라고 하신 것이 아니라(죽은 자는 들을 수 없다.), 둘러선 무리들로 하여금 예수님의 신적 능력이 나사로를 살렸다는 것을 눈으로 직접 보고 확실히 깨달아 알도록 하기 위함이었다.

당시의 장례는 애굽의 미라처럼 붕대와 같이 긴 천으로 시신의 손과 발, 그리고 머리를 감쌌으며, 때로는 수의를 입히기도 했다(요 19:40). 온몸을 감싸지 않았으므로 걷는 데는 어려움이 없었을 것이며, 눈은 수건으로 가렸기 때문에 어두운 굴을 손으로 더듬으며 나올 수 있었을 것이다. "그를 풀어주어 걸어가게 하라." 예수님은 살리셨고, 사람들은 풀어 주어야 했고, 나사로는 걸어가야 했다. 오직 하나님의 능력만이 죽어 어둠 속에 있는 영혼에게 생명과 빛을 가져다

주고 자유함을 줄 수 있다.

이제 나사로는 참으로 죽은 자 가운데서 부활함으로써 예수를 믿는 자는 부활과 영생을 얻을 수 있다는 진리를 몸으로 간증하며 살아가야 했다. 나사로의 부활은 한 개인뿐 아니라 믿는 모든 사람의 표적이 되었다.

나사로의 부활 사건은 그것을 본 사람들을 둘로 나누었다. 먼저 많은 사람들이 표적을 보고 예수님을 믿었다. 그러나 앞서 표적을 보고 믿었던 사람들(요 7:3)이 점차 태도가 바뀌어져서 결국에는 예수님을 적대했던(요 8:48-59) 사실을 고려한다면, 표적을 보고 믿는 믿음은 가장 초보적이고 유치한 믿음의 단계라고 생각할 수 있다. 그렇게 볼 때 보지 않고 믿는 믿음이 온전하고 복된 믿음이라고 말할 수 있다(요 20:29).

주님의 기적은 지금도 일어난다. 1998년경 어느 교회가 부지 150평의 2층(건평 160평) 예배당에 성도가 약 350명이 있었다. 어느 장로가 기도하는 중에 앞으로 교회가 주차장이 있어야 하고 주변을 보니 교회를 확장시켜야겠다는 강력한 감동을 받고 교회 옆 부지 확보에 나섰다. 당시 토지가 평당 150만 원이었는데, 당회에서는 90만 원이면 사고 그렇지 않으면 중단하라고 했다. 그런데 평당 70~80만 원으로 무려 1,000평을 구입했다. 그리고 위의 토지 약 3,000평도 그 가격에 구입했다.

당시 일부 교인들이 "왜 우리를 힘들게 합니까?"라고 항의하였지만, 아랑곳하지 않고 하나님의 뜻대로 은행 채무가 2억 원이 있는 상태에서 62억 원이나 되는 성전 신축을 계획하고 진행하는 과정에서, 건축위원장이 반절(32억)의 비용으로 가능하다면 성전을 신축하고 그렇지 않으면 취소하자고 했다. 그러나 하나님의 은혜로 모 건설회사에 의뢰하여 33억 원에 공사 수주를 주어 성전 건축을 시작하기로 결정했다. 그런데 이때 또 일부 교인들이 "힘들게 하는 것도 모자라 무슨 빚을 얻어 교회를 지으려 합니까? 보십시오. 앞으로 3년 안에 부도나서 교회 망합니다"라고 하였다. 그 사람들이 "하나님 보았소?" 하길래 그 장로가 봤다고 대답했다고 한다. 그만큼 서로 날카로웠다.

건설업자도 선정되었으나 최종 건축위원 회의에서 건축위원장이 성전 건축하다가 부도나면 누가 책임질 것인지 대안이 없으면 성전 건축을 할 수 없다고 했다. 세상 말로 다 된 밥에 재를 뿌리는 것이었다. 8명 모두 입을 다물어 무산되려는 참에 당시 장로 한 명이 "나한테 땅이 5,000평 있는데 공시가로 30억 정도 되니까 그 재산을 모두 내놓겠다"라고 하여 서약을 결의하고 건축을 진행하여 훌륭한 성전이 신축되었다.

결국 그 교회는 하나님께서 하나님의 뜻을 이루는 기적을 체험하게 되었다고 한다. 당시 성도들이 1평(300만 원)에서 많게는 66평까지 건축헌금을 했다고 한다.

# 차라리 나지 않았으면 좋았을
# 파렴치한 배신자

예수님의 공적 전도가 최후 단계를 맞이하게 되면서 그의 지상 생애는 막을 내린다. 마지막 공적 사역은 죽은 나사로를 살린 것으로 이 사건이 더욱 유대인들의 반감을 사게 되었다. 어찌 당시 유대인들뿐이겠는가? 오늘날 바리새인보다 더 악한 기독교인들, 겉과 속이 다른 기망자(欺妄者)들이 많아지고 있다.

에브라임에 피신하여 머물고 계시던 예수님이 베다니에 오신 것은 유월절 6일 전이었다. 유월절이 수난 주간의 목요일 저녁부터 시작되었다고 하면, 예수님이 베다니에 도착하신 것은 그전 주 금요일 해가 진 후 안식일에 들어설 때부터이다(니산월 제9일). 아마도 그 사이에 여리고에서 눈먼 사람을 낫게 하시어 구원하신 듯하다(눅 18:35

이하). 나사로는 예수님으로부터 친구라고 불릴 정도로 사랑을 받았는데(요 11:11), 그가 죽었다는 소식을 접하신 예수님께서는 눈물까지 흘리셨다(요 11:35). 나사로는 병들어 죽은 지 4일이나 지났을 때 예수님에 의해 살아났으며(요 11:39, 43-44), 유월절 6일 전 베다니 나병환자 시몬의 집에서 예수님과 함께 식사했다(요 12:1-2; 마 26:6). 예수님께 감사함과 동시에 나사로가 다시 살아난 것을 축하하기 위해 잔치를 베풀었을 것이다.

마리아는 시몬의 부인 또는 아버지라는 설이 있으나 잘 아는 이웃이나 친척이었을 수 있다. 그녀는 이미 '주님께 향유를 붓고 자기의 머리털로 주님의 발을 닦아드린 여자'로 소개되었다(요 11:2). 사건은 공관복음서(마 26:6-13; 막 14:3-9)와 동일하지만 요한복음에서는 마리아의 헌신적인 행위가 강조되고 있다.

누가복음 사건(눅 7:36-50)과도 이와 비슷하지만 사실은 전혀 다른 사건이다. 누가복음의 기록은 공생애 초기의 사건이지만, 요한복음에서는 십자가를 지시기 전에 있었던 사건이다. 마리아의 행동은 마음에서 우러나온 진심 어린 사랑의 표현이었다. 무엇보다 마리아는 오빠를 살려 주신 것, 자신들에게 성경 말씀을 가르쳐 주신 것, 늘 잊지 않고 찾아와 주신 것 등에 대해 최대한의 감사를 나타내고 싶었을 것이다.

마리아는 첫째로 아낌없이 물질을 드렸다. 성경에 언급된 상등 향품(Spices)으로는 몰약, 육계, 창포, 계피 등이 있다(출 30:23-24). 향품은 거룩한 관유를 만들거나(출 30:23-25) 장례를 치를 때 사용되었고(대하 16:14; 막 16:1; 눅 23:56-24:1) 부인들의 몸 단장에도 쓰였다(에 2:12). 이스라엘에서 향품은 고가의 수입 품목이었다(겔 27:22).

그래서 향품을 가지고 있다는 것은 부를 상징했고(왕하 20:13; 사 39:2) 고귀한 선물로 쓰였다(왕상 10:2; 대하 9:1, 9, 24). 또한 제사를 드릴 때 향을 피웠다(민 16:35; 왕하 12:3; 대하 13:11; 렘 1:16; 호 11:2; 눅 1:9-10). 향은 하나님께서 말씀하신 대로 소합향과 나감향과 풍자향의 향품에 유향(乳香)을 섞어서 만들었다(출 30:34).

향이 나는 향유(perfume)는 방향 물질을 감람유에 섞거나(출 30:23-24) 나드처럼 그 자체에 향기가 있는 기름이다(막 14:3). 성경에는 예수님의 머리(마 26:7)와 발(눅 7:38; 요 11:2)에 향유를 부은 사건이 기록되어 있으며, 예수님의 시신을 위해 향품과 향유를 예비한 여인들에 대한 기록도 있다(눅 23:55-56). 이렇게 값비싼 귀중품을 아낌없이 드렸다는 순수(順守, 믿음직스러움에서 유래)함은 다른 물질(포도주 등)이 섞이지 않은 '순전(純全)함'을 의미한다.

향유의 단위인 '근'은 요한복음에만 나오며(340g 정도), 공관복음서(마 26:7; 막 14:3)에는 값진 옥합에 담았고 그것까지 깨뜨렸다고 했다.

둘째로 마리아는 겸손하게 몸을 드렸다. 당시 유대 여자들은 머리를 푸는 것을 가장 수치스러운 일로 여겼다. 그녀는 먼저 예수님의 머리와 몸에 향유를 부었고(마 26:12; 막 14:8), 나중에는 체면과 형식을 버리고 예수님의 냄새나는 발에 향유를 바르고 겸손하게 자기의 머리털(여자의 영광, 고전 11:15)로 문질러 닦았다. 발을 씻는 것은 종이 하는 일이었다(요 1:17, 13:5).

셋째로 마리아는 순수하게 마음을 드렸다. 그녀는 아무런 요구조건 없이 순수한 향유처럼 순수한 마음 그대로를 주님께 드렸다. 고급 향유인 데다 양도 많았고 예수님의 온몸에 발랐으므로 향유 냄새가 집에 가득한 것은 당연한 일이었다. 특히 땀이 많이 나는 중동 지방에서 향유는 냄새를 제거하는 필수적인 방향제로 사용되었다.

당시 열두 제자 중 유일하게 갈릴리인이 아닌 가룟 유다는 돈주머니를 맡을 만큼 계산이 빠르고 영리했던 것 같다. 공관복음에는 '제자들'(마 26:8), '어떤 사람들'(막 14:4)로 되어 있지만, 요한복음에서는 가룟 유다의 이름을 밝히고 있다. 제자들이나 그곳에 있는 사람들이 똑같이 불평했지만 후에 예수님을 팔아넘기는 가룟 유다가 대표적으로 목소리를 크게 내었기 때문이다.

마태복음에서는 '비싸게 팔아'(마 26:9)라고 했고, 세 복음서에는 공통적으로 '가난한 사람들'(거지, 구걸하는 자)로 되어 있다. 당시 노동자의 하루 품삯이 1데나리온이었으므로 이 향유값은 1년 동안 벌어야 하는 액수에 해당한다. 자신이 가진 값비싼 소유물을 아낌없이 드린 연약한 여인과 값을 헤아리면서 불평하는 제자가 서글픈 명암을 드러내고 있다.

가롯 유다가 향유값을 가난한 사람들을 위하여 써야 한다고 한 것은 기망(欺妄)이었다. 그의 관심 대상은 가난한 자들이 아니었기 때문이다. 만일 가롯 유다가 진심으로 가난한 자들을 생각하고 염려하여 "300데나리온에 팔아 그들에게 나누어 주자"라고 제안했다면 나름대로 사람들의 동감과 호응을 얻었을 것이다. 그러나 그의 관심은 가난한 자에 있지 않고 자신의 호주머니에 있었다. 이때 아직 제자들은 유다가 좀도둑인 것을 알지 못했으며, 그 사실을 알게 된 것은 그가 예수님을 팔고 은 삼십을 취한 후였다(마 26:51). 요한만이 유다의 부정직한 행위에 대해 확실히 언급하고 있다.

가롯 유다는 향유를 팔아 그 돈을 공동자금으로 자신에게 맡겼어야 한다고 생각했을 것이다. 그렇게 했더라면 그는 그 돈을 관리하면서 적지 않은 돈을 개인적으로 유용하거나 착복할 수 있었을 것이다. 결국 그가 말한 '나눠 줘야 할' 대상은 '가난한 자', 곧 자신이었다. 그는 가졌다고는 했지만 없는 자였고, 택함을 받았다고 했지만 실상은 버림받은 자였다. 그는 스승의 목숨을 팔아서라도 자신의 욕심을 채우려다가 '차라리 나지 않았으면 좋았을' 파렴치한 배신자, 저주받은 자가 되고 말았다(마 26:15).

업무상 횡령을 저지른 가롯 유다, 도둑이며 자신을 팔 자를 왜 예수님은 제자로 삼으셨을까? 물론 예수님은 가롯 유다가 앞으로 무엇을 할 것인가를 미리 아셨다. 그럼에도 선택하신 것은 그로 말미암아 하나님의 뜻과 경륜이 실현되도록 하기 위해서였고, 훌륭한 사람도 죄를 지을 수 있으며 성도들의 무리 속에 사탄이 침입할 수 있음을 보여주기 위해서였다.

종교적 특권이나 세상적 권력이 있다고 해서 그것을 이용하여 자신의 배를 불리려는 자가 현대판 가룟 유다요, 도둑이요, 예수를 파는 자이다

참으로 안타까운 일이 아닐 수 없다.

# 선한 목자와 위선자

"유대인의 큰 무리"(요 12:9)는 예루살렘 교권주의자들과 구별되는 하층민으로서 평범한 무리를 나타낸다. 예수님은 예루살렘으로 향하셨고, 그곳에 모여 있던 무리들은 일부러 예수님을 맞이하러 나갔다. 이 무리들은 예루살렘에 거주하는 사람들이 아니라 갈릴리를 비롯한 여러 지방에서 명절을 지키러 온 순례자들이었다. 이것은 당시 나사로의 부활이 일반 백성들에게 얼마나 큰 충격과 반향을 일으켰는가를 보여준다.

"나사로 때문에 많은 유대인이 가서 예수를 믿음이러라"(요 12:11).

백성들의 관심이 예수님뿐 아니라 나사로에게도 쏠리고 믿는 자들이 많아지자(요 11:45) 대제사장들이 나사로까지 죽이려고 모의(의논)하였다(요 12:10). 이는 이미 죽이기로 굳게 결심한 것을 나타낸다. 그들 대부분이 부활(나사로가 죽었다가 다시 살아난 것)을 믿지 않았다(행 23:8).

사두개인들은 대체로 다윗, 솔로몬 시대에 제사장이었던 사독(왕상 1:38)에게서 유래했고, 부유한 귀족 지배 계층으로 제사장과 예루살렘의 권력가들로 이루어진 집단이었으며, 산헤드린의 많은 자리를 차지하고 있었다. 이들은 기원전 2세기 하스모니안 시대부터 70년 예루살렘 성전이 파괴될 때까지 세력을 형성했다. 구전으로 내려오는 율법을 받아들이지 않았고 모세 오경만을 인정하였다. 내세와 부활, 영적 세계, 천사의 존재를 믿지 않고 지극히 현세적이었다(막 12:18; 눅 20:27; 행 23:8). 이들의 이런 태도는 예수님을 시험하여 곤경에 빠뜨리고자 부활에 대한 난제를 내어놓은 것에서 확인된다(마 22:23-33).

그들은 기득권을 잃지 않으려고 바리새파와 연합하여 예수님을 핍박하는 일에 참여하였다(마 16:1). 세례 요한에게 '독사의 자식'이라는 비난을 받았던 그들은(마 3:7) 복음을 전하는 제자들까지도 핍박하였다(행 4:1-22, 23:1-10).

나사로의 부활이 그들에게 큰 걸림돌이 되었기 때문에, 사람을 살려야 하고 백성을 대표하여 제사를 드리는 최고 종교 지도자들이 사람을 죽이려고 모의했다는 것은 실로 역설적인 모순이 아닐 수 없다. 아마도 이러한 이유 때문에 공관복음서를 쓸 당시까지 살아 있었던 나사로를 보호하려고 베다니 사건을 기록하면서 마르다의 이름은 쓰면서 나사로의 이름은 쓰지 않은 것(눅 10:38)이라고 추측하기도 한다. 사도들의 행적이나 사도 시대의 이야기에 나사로의 이름이 나오지 않는 것으로 보아, 혹시 나사로가 대제사장 무리들에 의해 희생되었을 수도 있다는 추측이 가능하다.

"…보라 온 세상이 그를 따르는도다 하니라"(요 12:19).

'승리의 입성'으로 불리는 최후의 예루살렘 입성에 대해 공관복음서에서도 다루고 있는데, 요한의 이야기는 간략하게 되어 있다. 그러나 이 사건이 유월절을 앞둔 안식일 이튿날(요 12:12) 곧 주일에 있었으며, 환영하는 무리가 종려나무 가지를 가지고 있었다(요 12:13)고 언급하는 것은 요한복음뿐이다(여기에서 '종려 주일'이란 명칭이 비롯됨). 예수님이 베다니에 오신 '유월절 엿새 전'의 이튿날로 안식일이 지난 주일에 해당한다(니산월 10일). 그들은 죽은 자를 살릴 수 있는 분이라면 메시아가 틀림없다고 확신했을 것이다.

지방에서 예루살렘으로 많은 무리들이 보인 유월설은 이스라엘

3대 절기 중 하나로, 이스라엘 백성들이 애굽의 노예 생활에서 탈출하는 과정에서 하나님께서 애굽의 모든 생명의 장자는 죽이면서 하나님의 백성들은 그 재앙을 피하고 애굽에서 탈출하게 하심을 기념하는 명절이다. 한반도로 치면 바로 8·15 해방 기념일일 뿐 아니라 한민족을 해방시켜준 UN군에 대한 감사일이기도 하다. 또한 이 민족 해방을 위해 상해 임시정부를 주축으로 일한 독립 애국지사들의 피 흘림을 기념하는 날이기도 하다.

인간의 부활과는 다소 뜻이 다르다고 할지 모르지만, 한반도의 대 명절은 바로 일제 치하에서 억압받던 조선 민족이 해방된 날이다. 이를 부인하고 폄훼하는 무리들이 바로 오늘날의 사두개인이고 바리새파인 태극기 부대, 엄마 부대, 극우 보수(아베 일본회)들이며 이들이 민족 반역자들이다. 상해 임시정부를 지워버리고 새로운 건국 이념으로 나아가려는 친일 매국노들을 경계하며 그들이 지워지도록 단결해야 할 것이다.

이스라엘의 가을 초막절(수장절-출 23:16, 장막절-요 7:2)은 오늘날의 추수 감사절과 비슷한 절기로 하나님의 은혜와 축복을 기념하는 절기이자 동시에 신년제 성격이 있었지만 봄의 유월절에 지킨 적은 없다.

종려나무 가지는 존경과 기쁨, 승리와 번영을 나타내며(레 23:40; 시 92:12; 사 9:14) 왕이나 개선장군(마카비 독립운동의 영웅 시므온 등)이 입성할 때 들고 환영했다(막 11:8; 마카비 상 13:51; 마카비 하 10:7). 요한은 하늘나라에서 종려나무 가지를 든 무리를 보았다(계 76:9). '지금 구원하소서'라는 뜻의 '호산나'('구하옵나니, 이제 구원하소서')는 유월절의 순례자들이 예루살렘으로 향할 때 환호하는 소리였다. 마태복음에는 "호산나 다윗의 자손이여"(마 21:9)로 되어 있다.

여기에서 유의할 것은, 열광한 무리들이 시편에는 없는 '이스라엘의 왕'이라는 구절을 덧붙였다는 사실이다. 그들 대부분은 예수님을 위대한 민족적·정치적 영웅으로 생각하고 이스라엘을 로마의 지배에서 해방시킬 승리의 메시아로 기대하였다. 이처럼 한반도 극우 보수를 자처하며 독립군 애국자들이 들어야 할 태극기를 손에 든 사람들은 강력한 위선자일 뿐이다. 친일 매국노 편에서 하나님을 배반하고 민족 배신 행위를 하는 이런 자('하나님 까불면 내가 가만 안 둔다')가 어떻게 활동하는지 모르겠다. 이는 기독교를 완전하게 타락시키는 사탄의 짓인 것이다. 절대 속으면 안 된다.

예수님은 이스라엘의 영적인 왕이시다(요 19:19; 마 27:42). 이전의 오병이어 이적 때는 예수님께서 자신을 왕으로 삼으려는 무리들을 피해 산으로 가셨지만(요 6:15), 이번에는 정해진 수난의 때가 왔으므로 대낮에 당당하게 예루살렘에 입성하셨다. 여기에서 '주님의 이름으로 오시는 분'이란 '하나님께로부터 보내심을 받은 분'이라는 뜻이다. 더구나 개선장군의 당당한 군마나 노새(왕상 1:38)와는 대조적으로, 예수님은 겸손과 평화를 상징하는 보잘것없는 나귀, 더욱이 아무노

타 보지 않은 어린 나귀를 타셨다(막 11:2). 요한은 이 일을 뒷받침하기 위해 스가랴 9장 9절을 인용하고 있다.

"시온의 딸아 크게 기뻐할지어다 예루살렘의 딸아 즐거이 부를지어다 보라 네 왕이 네게 임하시나니 그는 공의로우시며 구원을 베푸시며 겸손하여서 나귀를 타시나니 나귀의 작은 것 곧 나귀 새끼니라."

시온의 딸들(예루살렘 주민들)은 그동안 여러 차례 정복자들(수리아의 안티오코스, 로마의 카이사르 등)이 막강한 군대와 함께 예루살렘성에 들어오는 것을 보고 말할 수 없는 공포를 느꼈으나 이제는 두려워할 필요가 없게 되었다. 어린 나귀를 타신 예수님은 그의 백성을 위해 목숨까지 버리시는 선한 목자이시기 때문이다.

그런데 어린 나귀를 끌어오고 그 위에 옷을 얹고 예수님과 함께 예루살렘으로 입성했던 제자들은 그 모습이야말로 구약의 성취요 참 메시아의 모습임을 미처 깨닫지 못하였다. 어쩌면 그들은 곧 펼쳐질 세상적인 메시아 왕국을 머릿속에 그리면서 자신들이 차지하게 될 자리만을 생각하고 있었을지 모른다. 그러나 그들은 예수님께서 영광을 얻으신(부활 승천하신) 후 성령을 받고서(요 14:26) 비로소 모든 것을 기억해 낼 수 있었다(요 2:22, 7:39, 13:7, 36, 16:4, 20:9).

# 십자가 고난을
# 통과하게 해주옵소서!

　이방인으로서 유대교로 개종한 헬라인 몇 사람이 유월절 명절에 예루살렘으로 왔다가, 예수님이 죽은 자를 살리고 병든 자를 고치고 가난한 자에게 복을 주신다는 소문을 듣고 예수님을 찾아갔다. 그들이 먼저 빌립을 찾아간 것은, 그 이름이 헬라 이름이며 갈릴리 벳새다(요 14:14)가 헬라의 식민지인 데가볼리와 가까운 곳에 있어서 언어적으로나 친분상 어떤 연관이 있었기 때문이 아닌가 싶다. 그들이 빌립에게 '선생님'(주여)이라는 최고 존칭어를 사용하며 "우리가 예수님을 뵙고자 합니다"라고 했다. 예수님을 뵙고자 하는 이유는 명시되지 않았지만 앞뒤 문맥을 보면 구원에 관한 가르침을 받기 위함이었던 것 같다.

예수님께서 헬라어를 사용할 줄 아는 안드레와 빌립 두 제자를 통해 청원을 들었을 때 "인자가 영광을 얻을 때가 왔도다"(요 12:23)라고 말씀하셨다. 이 대답은 단지 두 제자나 헬라인들에게만 하신 것이 아니라 전 인류를 향해 하신 것으로 보아야 한다. 여기에서 '영광 얻을(받을) 때'는 십자가의 죽음을 거쳐 부활 승천하시는 때를 말한다. 예수님께서는 '영광을 받는다'라고 한 말씀의 뜻을 정확히 설명하기 위해 듣는 사람 모두가 쉽게 이해할 수 있는 짤막한 자연의 비유를 들어 말씀하셨다.

새로운 생명은 죽음을 통해 태어난다는 영적인 원리는 자연계나 영계에 모두 적용된다(고전 15:36). 밀알 하나가 풍성한 열매를 맺으려면 역설적으로 먼저 땅에 떨어져 죽어야 한다. 그와 같이 전 세계 사람을 위해 주어지는 영원한 생명은 한 사람(예수님)의 희생적인 죽음을 통해 나타난다. 말하자면 예수 그리스도의 십자가 죽으심은 많은 사람들에게 생명을 주는 궁극적인 근원이다(고전 1:22-23). 아담 한 사람을 통해 죄가 세상에 들어오고 이로 말미암아 사망이 모든 사람에게 이른 것처럼, 한 분 예수 그리스도의 대속적 죽으심으로 인해 그를 믿는 자마다 영생을 얻게 되는 것이다(롬 5:12, 17, 21). 십자가와 부활 사건 이후에 많은 죄지은 영혼들이 구원의 열매를 맺고 부활에 동참하게 되었으며 성령의 역사로 말미암아 세계 선교의 문이 열려 유대인뿐 아니라 헬라인 곧 모든 이방인에게 복음이 전파되었다.

밀알 하나와 같은 생명과 섭리의 법칙은 믿는 자 각각의 개인에게도 적용된다. 예수님께서는 자신의 생명을 버리실 것을 미리 말씀하신 후 제자들과 헬라인들까지도 자기를 본받아 자신들의 생명을 버릴 것과 그래야만 영원한 생명을 얻을 수 있음을 말씀하셨다(마 10:39, 16:25 등).

어쩌면 헬라인들은 예수님에게서 어떤 철학적인 지식을 배우려고 했을 수도 있다. 헬라 철학은 원래 자기를 사랑하고 이를 완성이라고 가르치며, 철저히 개인적이고 인본주의적인 사상을 기초로 한다. 그러나 예수님께서는 헬라 철학에서 전혀 찾아볼 수 없는 역설적인 진리, 곧 자신의 육체적 생명만을 사랑하는 사람은 도리어 잃게 된다고 말씀하셨다. 그리고 무엇보다도 하나님의 일을 맨 우선에 놓은 사람은 그의 생명을 영생하도록 보존할 것이라고 하셨다(마 6:33; 눅 12:15, 22).

인간에게 합당한 인격적 생명으로 채워져 살려고 하면 이기적인 자아를 부인해야 하며, 자기 안에 영생에 이르는 고차원적인 영성을 보전하려고 한다면 이 세대를 본받는 자기중심의 생활을 내버리지 않으면 안 된다. 영생(그리스도로부터 오는 영원한 생명)은, 말하자면 가장 저급하고 일시적인 생명을 포기하고 버림으로써 고급스럽고 영원한 생명을 얻는 것이다(마 10:39, 16:25; 눅 9:24).

특히 자신을 미워하는 자에게 영생의 은혜가 주어진다. 이 세상에 자기 생명을 미워하는 사람은 없다. 그러나 그것이 하나님을 섬기는 데 방해가 된다면, 즉 배교냐 순교냐를 선택해야 할 때는 미워해야 버릴 수 있다. 예수님을 믿는 자는 현재 영생을 소유하지만(요 5:24), 그 영생은 장차 하나님 나라에서 완전히 성취될 것이다.

누구든지 예수님의 제자가 되어 그를 섬기려면 그를 따라가야 하는데, 이때 반드시 해야 할 일은 자기 십자가를 지는 일이다(마 10:38, 16:24). 십자가를 지려면 자기 생명을 미워해야 하고(요 12:25) 포기하고 버리지 않으면 안 된다. 예수님을 섬기려는 자는 그리스도께서 계신 곳에 있어야 하며 그와 함께 고난도 받아야 한다. 그렇게 할 때 하나님께서는 그를 존귀하게 여기실 것이며, 그리스도께서 영광을 받을 때 그들도 함께 영광을 받게 될 것이다(계 14:4; 롬 8:17-18).

세상 사람은 남을 섬기는 사람을 천하게 보지만, 하나님께서는 예수님을 섬기는 사람을 존귀하게 여기신다. 고난 없이 영광만 얻으려 하거나 예수님을 자기의 영광을 위한 수단으로 삼으려는 자는 제자가 아니며 성도도 되지 못한다. 예수님을 섬기는 생활은 예수님의 죽음을 몸에 지니는 것이며(고후 4:10-11), 그의 말씀대로 순종하며 살아가는 것이다. 교회 제직들은 직임과 노소를 막론하고 현재 내가 어떻게 예수를 믿고 있는지 자성(自省)해 봐야 한다.

인류의 죄를 한 몸에 짊어지고 자기 생명을 버릴 때가 눈앞에 다가온 것을 느끼신, '죄를 알지도 못한 자'(고후 5:21)이신 예수님은 심한 고민에 빠지셨다. 이것이 요한복음의 겟세마네에 대한 기록이다. 공관복음서는 모두 십자가의 사건을 앞에 두고 예수님께서 겟세마네에서 기도하신 것을 전하고 있다(막 14:32-42; 마 26:36-46; 눅 22:40-46).

'내 영혼이 죽음에 이를 만큼 너무나 괴롭다'(막 14:34)라며 마음에 있는 고뇌를 입 밖에 내신 예수님은 여기에서도 "깨어 있으라"라고 말씀하신다.

"말씀이 육신이 되어 우리 가운데 거하시매 우리가 그의 영광을 보니 아버지의 독생자의 영광이요 은혜와 진리가 충만하더라"(요 1:14)라는 말씀이 있다. 이는 예수님이 참 하나님이요 동시에 참 사람이란 사실을 선언하고 있는데, 그리스도는 삼위일체의 견지에서 하나님과 동등하신 분이다. 즉, 그리스도는 하나님으로서의 모든 것, 하나님을 하나님 되게 하는 모든 속성들을 충만히 소유하고 계신다. 그리스도의 신성이란 그리스도가 참되고 완전한 하나님으로서의 신적인 속성을 가지고 있음을 의미한다. "그는 근본 하나님의 본체시나"(빌 2:6)라는 구절을 주석하면서, 워필드(B. B. Warfield)는 이렇게 말했다. "그리스도는 하나님으로서의 모든 것, 즉 하나님을 하나님 되게 하는 모든 속성들을 충만히 소유하셨다고 선포된다." 요한은 예수님의 신성을 증명하는 한편, 여기에서는 참된 인성을 나타낸다(요 1:14).

겟세마네의 기도는 시편 6편 4절과 42편 7절의 메아리일 뿐, 겟세마네의 경험을 요한의 방식으로 설명한 것은 아니다. 예수님은 죽음의 고통에 대한 예감과 하나님의 구속 사역에 순종하려는 마음 사이에서 엄청난 갈등과 괴로움을 느끼셨다.

교회 제직들도 성전 봉사, 섬김의 과정에서 주님처럼 희생적으로 섬겨야 한다. 적어도 그런 섬김을 아예 배척하면서 손익 계산으로 교회 일을 하는 제직과 성도는 되지 말아야 한다. 왜냐하면 제직들은 예수를 믿고 따라야 하기 때문이다. 만일 손익계산에 따라 교회 일을 한다면 교회는 다녀도 예수 믿는 성도는 아니다.

예수님은 완전한 하나님이셨지만 완전한 인간이셨으므로 갈등하고 고뇌하셨다. 인간성을 지니신 예수님(히 4:15)이 다가올 죽음의 고통 때문에 "이때를 면하도록 구원해 주소서"라고 하며 애절하게 간구하신다. 다른 복음서에서는 "이 잔을 내게서 지나가게 하옵소서"(마 26:39), "이 잔을 내게서 옮기시옵소서"(막 14:36; 눅 22:42)로 되어 있다. 요한복음의 기도는 겟세마네의 기도의 내용을 모두 포함하면서도 짤막하게 요약했다고 볼 수 있다.

겟세마네 기도에서와 같이 예수님의 영혼은 본능적으로 그리고 자연적으로 십자가를 피하고 싶어 하셨다. 그렇지만 예수님께서는 순간적으로 찾아온 인간적인 연약함과 영혼의 갈등을 극복하고 자신이 온 목적과 사명에 충실하실 것을 결심하셨다. 예수님이 십자가에 달리시는 이때를 벗어나도록 구원해 달라고 기도하신 것은 "이때를 확실히 통과할 수 있도록 도와주옵소서"라고 적극적으로 기도하신 것으로 해석할 수 있다.

# 세상을 지배하고 있는
# 마귀를 퇴치하심

　예수님께서는 다가오는 큰 고통 가운데서 자신을 구해 달라고 간구하시지 않고 아버지의 이름이 영광을 얻도록 해주실 것을 기도하셨다. 이름은 하나님 자신의 인격과 속성을 의미하며(요 1:12, 5:34, 17:11), 이는 곧 다가올 고난의 때에 죄인에 대한 하나님 아버지의 사랑이 나타나게 해달라는 기도이기도 하다(롬 5:8).

　예수 그리스도의 전 생애는 하나님의 영광을 위한 것이고, 그분의 기도 제목도 하나님 이름의 영광이었다. 그는 본질상 하나님과 동등하셨지만, 구속 사업을 성취하기 위해 종으로서 철저히 순종함으로써 하나님의 영광을 나타내셨다. 하나님께서 분명한 음성으로 하늘로부터 지상에 계신 예수님을 향해 공적으로 말씀하신 경우는 모두 세 번이었다. 첫째는 공생애를 시작하면서 세례 받으실 때(마 3:17; 막 1:11; 눅 3:21-22), 둘째는 율법과 예언자 시대의 종말과 복음 시대의 시작을 나타내며 변화산에서 변형되실 때(마 17:5; 막 9:7; 눅 9:35), 셋째는 공생애를 마무리 지으실 때였다. 첫째와 둘째는 유대인을 상대로, 셋째는 이방인을 상대로 복음이 세계적으로 퍼져나가는 것을 나타내고 있다.

아버지께서는 예수님으로 하여금 그 영광을 나타내게 하셨으므로 예수님께서 지난날 행하셨던 모든 일은 다 아버지께 영광이 되었다. 앞서 예수님께서 나사로를 살리셨을 때 아버지께서는 그 영광이 가득한 사랑을 나타내셨다. 그리고 장차 죽은 자 가운데서 부활, 승천하실 때 모든 인류를 구원하심으로써 아버지의 영광을 나타내게 된다(요 3:16).

하늘로부터 들려온 똑같은 소리였지만 들은 사람들은 믿음의 정도에 따라 각기 다른 반응을 나타내었다. 물리적 현상으로만 생각한 사람은 '우렛소리'로 들었고, 영적인 사람들은 '천사의 소리'로 들었다. 그러나 한 가지 분명한 것은 그것은 주관적인 환청이나 자연적인 현상이 아니라 역사적이고 객관적인 사실이었다는 것이다. 동물이 사람의 말을 알아듣지 못하는 것처럼, 들을 귀가 없고 영성이 없는 자들은 계시의 음성을 분별하지 못한다. 영적인 것은 영적인 것으로만 분별할 수 있다(고전 2:13).

하나님의 음성이 유대인과 헬라인이 함께 있을 때 들렸다는 것은 복음이 전 세계에 전파되는 것을 나타낸다. 하늘에서의 소리는 그것을 듣는 사람들에게 예수님께서 아버지 하나님의 일을 하신다는 것을 알려 주고 또한 그들이 믿도록 하기 위한 것이다(요 11:42). 또한 하나님께서는 예수님께서 하신 일을 통해 영광을 받으실 것이다.

예수님께서는 앞으로 일어나게 될 일에 대해 잘 아시고 미리 준비하셨기 때문에 하나님께로부터 어떤 위로나 확신을 받으실 필요가 없었지만, 제자들에게는 그런 것들이 반드시 필요하였다. 이 세상의 지배자는 마귀(요 14:30, 16:11, 사탄과 동의어-요 13:27)이며, 그는 시험을 통해 세상의 권세를 주장하면서 예수님에게 세상을 나누어 가질 것을 제안할 정도의 존재이다(마 4:8-10; 눅 4:5-8). 그때는 예수님이 마귀의 권세를 부정하지 않으셨지만, 여기에서는 마귀에 대해 최후의 승리를 선언하셨다.

예수님께서 십자가에 죽으심으로 지금까지 마귀에게 속해 있던 세상에 대한 심판이 행해졌다. 십자가는 그것을 거절하는 자에게 정죄와 심판의 근거가 되고, 마귀에 대해서는 궁극적 승리의 기초가 된다. 이전에는 인간이 불순종함으로 에덴동산에서 추방되어 세상의 지배자인 마귀의 손에 넘겨졌지만, 십자가에서의 예수님의 온전한 순종 때문에(빌 2:8) 마귀는 세상에 대한 그 지배권을 빼앗기고 말았다. 또한 예수님께서 죽음을 이기고 부활하셨기 때문에 그분을 믿는 자에게 마귀는 더는 자신의 힘을 발휘할 수가 없다(골 2:15; 히 2:14). 그렇더라도 마귀는 여전히 그 활동을 계속하다가 마지막 날에 완전히 쫓겨날 것이다(고후 4:4; 엡 2:2, 6:12; 롬 16:20; 계 20:10).

이 세상을 지배하는 자는 예수님께서 십자가에 달리신 것과 부활하여 하늘에 올려지신 것(요 3:14, 8:28)을 믿는 모든 사람에게 있어서 완전히 힘을 잃게 된다. 예수님은 국적, 인종, 신분에 관계 없이 모든 사람을 자신에게로 이끌어 구원하실 것이다. 이때 헬라인들이 그 장소에 있었다는 것은 중요하다.

예수님의 십자가 죽으심은 세상의 심판, 마귀의 추방, 만인의 구원의 근본적인 원인이 된다. 조금 전까지 예수님을 승리의 메시아로 받아들이려고 하던 사람들에게는 '십자가에 달리신 메시아'란 도저히 상상조차 하기 힘든 일이었을 것이다. 메시아의 영원한 임재와 통치에 대해서는 구약성경 여러 곳에서 언급되고 있다(삼하 7:12-13, 16; 단 7:13-14; 겔 37:25; 시 89:4). 예수님의 말씀을 들은 무리들은 큰 혼란에 빠졌다. 그들은 메시아가 고난을 받고 죽는다는 것과 부활하신다는 것(사 53장)에 대해 전혀 이해할 수 없었다. 그리스도가 영원히 계신다는 것만 알고 있었기 때문이다.

당연히 그들은 인자(복음서에서 예수님 이외에 처음으로 인용한 명칭, 막 8:31)가 들어올려져야만 한다(죽음과 부활)는 것도 알지 못하였다. 그들은 "도대체 인자가 누구요?"라고 물었다. 그들은 인자를 바로 눈

앞에 두고도 인자가 누구냐고 묻고 있었다. 선입견적인 교만과 강퍅한 마음이 그들의 눈을 멀게 했기 때문이다. 이 질문은 당시 그리스도와 인자가 동일한 명칭이 아니었음을 암시하고 있다.

빛은 예수님과 동일시된다(요 1:4, 9, 8:12). 예수님께서는 자신의 말을 잘 이해하지 못하는 무리들과 더불어 신학적 논쟁을 벌이지 않으시고 '빛인 내가 너희와 잠시 동안 함께 있을 때 신속히 행동하고 결심하라'고 촉구하셨다. 다만 만일 그들이 예수님이 그들과 함께 있을 때 즉 복음이 전파될 때 믿지 않으면, 심판 때 즉 어둠이 찾아올 때는 이미 늦게 됨을 말씀하셨다.

# 아름다운 종말

'죽음'은 '살아 있음'의 반대말로 생물적인 생명의 끝을 말한다. 성경에서는 하나님으로부터 분리된 인간들의 도덕적·영적 상태를 뜻하는 말이기도 하다.

생물학적으로 모든 살아 있는 것들은 죽는다. 그래서 70세 또는 80세의 짧은 삶이 허락된 사람들(시 90:10)은 시편 기자처럼 "우리에게 우리 날 계수함을 가르치사 지혜로운 마음을 얻게 하소서"(시 90:12)라고 고백해야 한다. 그러나 신자들에게 있어서 생물적인 죽음은 시련의 끝이요, 새롭고 더 나은 세계에 들어가는 입문이 된다.

2024년 2월 초순경 드리스 판아흐트 네덜란드 전 총리 부부가 동반 안락사를 택했다는 소식을 접했다. 93세 동갑인 두 사람은 뇌출

혈 후유증 등으로 고통을 받아왔다고 한다. 판아흐트 전 총리가 평생을 가톨릭 교인으로 살아왔기에 안락사를 택했다는 사실은 특별해 보인다. 천주교에서는 스스로 목숨을 끊는 일을 죄악으로 간주한다. 안락사도 마찬가지이다. 네덜란드는 2002년 세계 최초로 안락사를 합법화했고, 지금은 전체 사망자의 약 5퍼센트가 이런 경우라고 한다.

2018년 5월 10일, 104세인 데이비드 구달 오스트레일리아 이디스카원 대학 명예교수가 스위스에서 조력사를 선택했다는 신문 기사를 봤다. 그는 아흔이 되어서도 테니스를 즐길 정도로 건강했고, 100세가 넘어서 논문을 발표하기도 했다. 그러던 그가 102세이던 2016년, 학교는 그의 안전한 출퇴근을 염려하며 퇴임을 권면했다. 이는 자기 삶의 질이 예전과 같지 않다는 생각을 하게 된 계기가 됐다고 한다. 2018년 초 집에서 넘어져 크게 다쳤지만, 혼자 살던 터라 이틀 뒤 발견될 때까지 꼼짝없이 홀로 누워 있었고, 이것이 조력사를 결심한 이유였다고 한다. 관련 영상에서는 그가 세상을 떠나기 전 가족 한 사람 한 사람과 따뜻하게 이별하는 모습을 볼 수 있었다. 참 마음 아프고 슬프면서도 또 한편으로는 아름다웠다. 그는 예정된 죽음을 앞두고 한 마지막 언론 인터뷰에서 베토벤 9번 교향곡 '환희의 송가'를 힘차게 불렀다. 그는 그렇게 자신의 삶을 마감했다.

노년에 홀로 살면 종종 삶의 마지막에 대해 생각하게 된다고 한다. 1인 가구의 거의 절반이 그러하듯, 누구든지 고독사에 대한 두려움이 있다. 경제적 상황에 따라 홀로 죽음에 이르는 고통은 다를 수 있겠으나, 누구나 죽는다는 점에서는 조금도 다르지 않다. 총리도, 교수도, 부자도 결국 혼자가 된다. 그리고 누구나 죽는다. 어찌 보면 참 평등하다.

2023년 3월 언론 보도를 보면 '디그니타스'(스위스 조력 자살 단체)의 한국인 회원 수는 117명에 이른다고 한다. 일본, 중국의 갑절 수준으로, 아시아 국가 중 제일 많다. 전체 97개국 중에서도 11번째라고 한다. 또 다른 보도를 보면, 디그니타스, 페가소스, 라이프서클 등의 의학 조력 사망 단체를 통해 죽음을 택한 한국인은 2023년까지 10명가량 된다고 한다. 고독사를 두려워하고 존엄한 죽음을 고민하며, 연명 치료 거부 서약을 하고, 지금의 삶을 조금 더 잘 살기 위한 선택이라고 한다.

신·구약 성경 모두에 깔려 있는 죽음에 대한 인식에도 오늘날의 죽음은 하나님이 우리 인류에 대해서 의도하신 것과는 다른 모습이다. 그러므로 또 다른 성경적인 관점에서 보자면, 생물학적인 죽음은 자연스러운 것이 아니며 이 세상은 그것에서 벗어나기를 갈망하고 있다(롬 8:20-21). 성경에서 죽음은 생물적인 개념뿐 아니라 윤리적인 개념이다. 바울은 에베소서 2장 1-5절에서 인류를 도덕적으로 '허물과 죄로 죽었던' 것으로 묘사하고 있다.

그러나 그리스도 안에 있는 믿음을 통하여 새 생명을 발견한 신자는 도덕적인 죽음의 굴레에서 자유해질 수 있다. 죽은 자들 가운데서 일어나셨고 또 우리 안에 살고 계시는 하나님의 영은 우리 죽을 몸도 살려 주실 것이다(롬 8:11). 더 나아가 이 세상에서 살고 있는 신자들에게 하나님의 영은 선을 행할 수 있고 또 선하게 될 수 있는 능력을 주신다(골 3:1-4). 또한 성경은 죽음을 하나님과의 잃어버린 관계의 상징으로 사용한다.

은퇴 뒤 노화를 겪으면서 나의 몸과 마음에서 한계를 느낀다. 처음에는 당황하고 불안하고 우울했지만, 차차 그 한계를 받아들이게 된다. 관심이 밖에서부터 점차 안으로 이동하면서 전에는 보이지 않았던 것들이 보이기도 하고, 들리지 않았던 것이 들리기도 한다. 올해 만 일흔여섯이 되면서 내게 몸의 삶, 마음의 삶이 몇 년이나 남아 있을까 하는 생각을 한다. 노화를 자각하면서 자연스레 죽음도 생각하게 된 것 같다.

인간이라면 누구나 죽는 것이 정해져 있다(히 9:27). 즉, 인간은 죽음에 맞부딪혀야만 하는 상태에서 태어났다. 여기서 단 한 가지 해법을 주 예수 그리스도에게서 찾을 수 있다. 그리스도를 믿을 때 성령이 그 사람을 하나님의 자녀로 변화시키며 새 생명을 얻는 기적을 그에게 행하신다(요 5:24).

성경은 육체적인 죽음에 대해 다음과 같이 묘사하고 있다. 즉, 잠

자는 상태(요 11:11; 살전 4:14 참고), 영혼을 요구함(눅 12:20), 이 땅의 집이 무너짐(고후 5:1; 벧후 1:14), 돌아오지 않을 곳으로 감(욥 16:22; 눅 16:31 참고), 적막 속으로 내려감(시 115:7), 혼이 떠나감(행 5:10) 등이다.

"죽음은 가장 큰 스승"이라는 말이 있다. 언젠가 죽음이 내게도 순식간에 닥칠 수 있다는 생각을 하면 현재 삶의 의미가 달라질 수 있기 때문인 것 같다. 죽음에 대해서 좀더 깊이 공부해야겠다는 마음이 일어난다. 조력사도, 안락사도 모두 몸의 고통과 몸의 죽음에 관한 것이다. 마음의 죽음도 궁금해진다. '메멘토 모리'(Memento Mori), '오늘은 승리했으나 우쭐대지 말라, 언젠가는 죽는다'라는 의미로 로마의 개선장군이 퍼레이드를 할 때 뒤에서 노예가 외치도록 했다는 이 말이 다시 생각난다. 숨 쉬며 사는 지금의 삶을 조금 더 잘 살고 싶다. 은퇴 뒤 삶의 방향은 '느리게, 조용히, 심심하게'이다. 은퇴와 노화를 함께 겪으며, 그 안에서 성장하는 삶을 기록한다. 그리고 근대 사탄의 활약, 일명 그림자 정부의 지구 관리에 대한 책 《숨겨진 비밀》을 썼다. 그리고 지금은 성경을 읽고 묵상하며 '외치는 자의 소리'라는 신앙의 글을 준비하고 있다.

# 그들이 예수를 믿지 아니하다

인류의 구세주 예수님이 함께 있을 때 해야 할 일은 헛된 신학적 논쟁을 벌이는 것이 아니라 빛의 원천이신(고후 4:6) 예수님을 믿는 것이다. 이 믿음으로 예수님의 빛을 몸에 받을 때(엡 5:8) 스스로 빛을 내는 자 곧 '빛의 아들'(빛에 합당한 사람을 의미하는 셈어적 관용어)이 될 수 있다(요 8:12; 마 5:14; 눅 16:8; 살전 5:5). 특히 예수님께서 '빛이 있을 동안에'를 거듭 강조하신 것은, 현재 그들과 함께 있는 이스라엘 백성들의 회개를 촉구한 것이라고 볼 수 있다. 그것은 그들에게 주어진 마지막 절호의 기회였지만 '어둠 속을 걸어다니던' 그들은 빛을 미워하며 빛으로 오려고 하지 않고(요 3:20) 예수님을 빛으로 받아들이기를 거부하였다.

예수님께서는 공적인 말씀을 마치고 유대인들을 피하여 이때부터는 제자들에게만 말씀하셨고, 서로 사랑할 것을 당부하셨다(요 13:34-35). 그리고 위로자 보혜사를 보내실 것을 약속하고(요 14:26), 기도하면서 자신의 죽음을 준비하셨다. 아마도 이때 예수님 일행은 베다니로 갔던 것 같다(막 11:11). 그들이 '계속적으로 믿지 않았다'라는 말씀은 여전히 예수님을 믿지 않았다(요 1:11)라는 뜻으로, 빛에 대한 뻔뻔스럽고 완고한 거절을 나타낸다.

예수님을 거절하는 것은 지금 시작된 일이 아니라 이미 오래전부터의 불신앙이 가져다준 결과였다. 이사야는 메시아에 관한 대 예언, 곧 '고난받는 종 메시아'에 관한 예언에서 하나님에게서 세움 받은 '주의 종'이 이스라엘의 영적 무지와 불신앙의 두꺼운 벽에 부딪힐 것을 예언하였다.

> "우리가 전한 것을 누가 믿었느냐 여호와의 팔이 누구에게 나타났느냐"(사 53:1).

당시 사도들의 말에서, 주님의 팔은 예수님의 능력에 의한 표적을 나타낸다고 볼 수 있다. 예수님께서 선포하신 진리나 그가 행하신 기적도 유대인들을 믿게 하지는 못하였다.

하나님께서 예정하신 것은 이미 성취된 것과 같다. 두 번째 이사야서 인용이자, 예수님이 유대인의 불신앙의 이유(마 13:13-15)를 언급하면서 사용하고, 또 바울도 인용(행 28:26-28)한 이사야의 예언(사 6:10)은 우리가 성전에서 보면 하나님에 대한 영광스러운 환상이 배경이 되고 있다(요 12:41; 사 6:1-4). 이것은 성부와 성자의 관계에 있어서 한 몸이신 하나님에 대한 환상이었다. 성부의 영광인 동시에 성자의 영광이기도 했으며, 따라서 이사야에게 말씀하신 분은 곧 예수님이셨다.

그 당시 사람들은 선택권이 있었음에도 하나님을 거부하고 악을 선택하였다. 이에 대해 하나님께서는 그들의 눈을 멀게 하시고 마음을 완악하게 하셨다. 여기에서 '완악하게 만드셨다'는 말은 '화석이 되게 했다'는 뜻이다. 만일 사람이 하나님께 대해 자신의 의지로 마음을 닫아 버리면 하나님에게서 끊어지고 화석이 되고 만다.

당시 소수의 사람들만 예수님을 믿었다. 그러나 그들의 믿음도 참된 것은 아니었다. 바리새인들 때문에 출교를 당하게 될까 두려워서 예수님을 믿는다고 고백하지 못했을 뿐 아니라, 하나님께 칭찬받는 것보다 사람들에게 칭찬받는 것을 더 좋아했기(요 12:43) 때문이다. 시몬 및 가룟 유다(요 10:4)가 사람들을 바라보지 않고 오직 하나님만 바라보고 의지하였다면, 두 제자의 마음이 그렇게 악해지지는 않았을 것이다(마 10:32-33; 행 4:19, 5:29).

이제 예수님께서는 큰 소리로 외쳐 불신앙과 천박한 믿음의 위험성을 경고하신다. 이것은 예수님께서 '자기 백성'인 유대인에게 하신 최후의 말씀이다. 이 부분은 크게 네 가지로 요약할 수 있다.

① '나를 보고 믿는 사람은 나를 보내신 분을 보고 믿는 것이다'(요 12:44-45). 이것은 요한복음의 중심 사상이며(요 3:16, 5:36, 14:1 등), 성부 하나님과 성자 예수님 사이의 밀접한 관계를 언급하고 있다. 예수님은 하나님이시다. 예수님을 통하지 않고는 하나님을 볼 수도, 알 수도, 믿을 수도 없다(요 3:15-16, 5:36-38, 46, 8:19 등). 여기에서 '본다'는 육적이 아닌 영적으로 보는 것이며, 상고해 보고(히 7:4) 경험하는 것이며(요 8:51) 알게 되는 것이다(요 6:40). 따라서 예수님을 거부하는 것은 그를 보내신 하나님을 거부하는 것이다.

② '빛으로 세상에 온 나를 믿는 사람은 어둠 속에 머물지 않는다'(요 12:46). 예수님의 속성과 선재성, 사명을 나타낸다. 빛으로 세상에 오신 예수님을 배척하면 어둠에 머물게 된다. '왔다'란 그가 오신 것의 계속적인 결과를 나타낸다(요 5:43 등).

③ '나는 세상을 심판하기 위해서가 아니라 구원하기 위해서 왔다'(요 12:47-48). 심판은 예수님께서 오신 목적이 아니며(요 3:17-18), 구원의 또 다른 측면이기도 하다. 태양이 빛을 비추는 목적이 그림자를 만드는 것은 아니지만, 그림자가 생기는 것은 피할 수 없다. 사람들이 예수님의 말씀을 듣거나 믿지 않을 때에는 그의 말씀이 직접 그들을 심판한다(요 3:17-18, 5:24-25). 불신자는 쇳값으로 이미 성쇠 받

은 상태에 있기 때문에 새삼스럽게 심판받지 않는다(요 3:18, 36, 7:15). 예수님이 이 세상에서는 심판하지 않으시지만, 마지막 날(사망)에는 하나님께서 친히 심판하실 것이다(요 12:48, 3:17).

④ '나를 보내신 아버지께서 친히 내가 일해야 할 것과 말할 것을 명령하셨다'(요 12:49). 예수님의 말씀은 아버지께서 말하라고 명령하신 것이므로 그 말씀을 거부하는 것은 곧 하나님을 거부하는 것이며, 마지막 날에는 심판을 받게 된다. 모든 사람은 예수님의 말씀에 대한 순종(신앙)으로 의롭다 함을 얻고, 불순종(불신앙)으로 정죄함을 받는다. 아버지의 명령을 다 이루셨기 때문에 '그의 명령이 영원한 생명이라는 것'(요 12:50)을 아셨다(요 5:30, 6:38 등). 그리고 예수님께서는 생명의 말씀인 하나님의 말씀을 그대로 전하셨기 때문에 예수님의 말씀도 생명의 말씀이 된다(요 6:63, 68, 8:51).

이와 같이 함으로써 세례자 요한의 증언에서 시작된 예수님의 공적 전도는 유대인의 거절과 불신앙으로 대단원의 막을 내렸다.

# 채무자가 채권자에게 빚을 갚는 것처럼 섬기고 봉사하라

고난 설교의 특징 중 하나는 사랑에 대한 강조이다. '아가페'(사랑)와 '아가파오'(사랑하다)가 요한복음 1-12장에서 8회, 13-17장에서는 31회 나온다. 유월절 식사에서 성만찬의 기초는 사랑이 되어야만 한다는 것을 보여주시는 것은 현세의 식사 교제도 사랑임을 말씀하시는 것이라 할 수 있다.

예수님께서는 자신의 때를 아셨다. 공생애 초창기에는 '때가 이르지 않았음'(요 2:4, 7:6, 30 등), 그리고 후반기에는 '때가 이르렀음'(요 12:23, 17:1)을 말씀하셨다. 때에 따라 철저히 순종하셨다. 세상에 있는 자기 사람들을 사랑하시되 끝까지 사랑하셨다는 것은 유대인들(아브라함의 혈육, 요 1:11)이나 그동안의 선교 대상인 사람들이 아니라 이 땅에서 복음 전파에 전념해야 할 제자들(그리스도를 믿는 하나님의 백성, 요 17:6, 9 등)을 예수님께서 십자가에 돌아가실 때까지 빈틈없이 온전히 사랑하신 것을 나타낸다.

요한복음 13장 2절에서 요한이 '벌써'라는 표현을 쓴 것은 유다가 돈궤에서 돈을 훔쳐 가는 등 죄악된 영적인 상태에 있었으므로 쉽게 마귀의 유혹에 빠질 수 있었음을 보여준다. 현세에도 성직자 중 극히 드물기는 하지만 교회 재정에서 지출되는 경조비, 축하금 또는 교회 부동산을 개인 소유로 가로채는 사건들이 있다.

가룟 유다는 마귀의 하수인이 되어 시키는 대로 했다. 예수님께서는 유다에게 여러 번 회개할 기회를 주셨지만, 유다는 오히려 치밀하게 계획을 세우고 결정적인 순간에 스승을 팔아넘기고 말았다. 예수님께서는 두 가지를 아셨다. ① 아버지께서 모든 것을 자기 손에 맡기셨다는 것, 곧 하나님께서 인류를 구원하기 위해 계획하신 것을 십자가의 죽음을 통해 실현해야 할 사명이 자신에게 맡겨져 있다는 것을 분명히 알고 계셨다. ② 자기가 하나님에게서 나왔다가 하나님께로 돌아간다는 것도 알고 계셨다. 아버지께로 돌아가는 것은 사랑하는 자들을 위해 처소를 예비하시기 위함이기도 했다(요 14:2).

유대 지방은 무덥고 건조할 뿐 아니라 모래흙이 많아 샌들이나 맨발로 다니다가 집 안으로 들어올 때는 반드시 손발을 닦아야 했다. 이 일은 가장 낮은 계급의 종이 하는 일이었다. 그때 제자들은 '누가 제일 큰 자인가?'를 놓고 자리다툼을 하였다(눅 22:24). 이에 대해 예수님께서는 "나는 섬기는 자로 너희 중에 있노라"(눅 22:27)라고 하셨다. 예수님께서는 이 말씀을 마치시고 자리에서 일어나 제자들의 발을 씻어 주시고 허리에 두른 수건으로 닦아 주셨는데, 이것은 겸손에 대한 교훈일 뿐 아니라 자신을 내어주는 섬김과 희생의 모본을 보이신 것이다.

베드로는 하나님의 아들인 예수님이 가장 비천한 종이 하는 일을 하시자 깜짝 놀라 "주님이 내 발을 씻으시나이까? 당신과 같으신 분이 어떻게 나 같은 사람의 발을 씻길 수 있습니까?"라고 하면서 자기 발은 절대 씻지 못한다고 했다. 그러자 예수님께서 "내가 하는 것을 네가 지금은 알지 못하나 이 후에는 알리라"(요 13:7)라고 하셨다.

예수님께서는 베드로의 거부가 자신의 뜻을 이해하지 못하고 경솔하고 교만하게 행동하는 것임을 아시고 좀더 강하게 '네가 끝까지 거절하면 곧 나와의 영적 교제를 갖지 못하며 결국에는 천국에 가서 받을 분깃도 전혀 없게 되는 것이다. 십자가는 죄인의 온몸을 깨끗하게 해주는 목욕 장소인데, 발 씻기를 거부하는 것은 곧 십자가를 거부하는 것이나 마찬가지이다'라고 알려 주셨다. 그러자 베드로가 "주여 내 발뿐 아니라 손과 머리도 씻어 주옵소서"(요 13:9)라고 요청했다. 그에 대해 수님께서는 이미 목욕한 사람은 발만 씻으면 되는

데, 그들이 다 깨끗하지는 않다고 경고하셨다. 이 말씀은 유다에게 주신 회개의 기회였다.

예수님은 유다에게 끝까지 회개의 기회를 주셨지만(요 6:64, 71; 마 26:24), 사탄의 하수인이 된 유다의 위장술은 철저했다. 예수님께서는 모두가 알아들을 수 있도록 말씀하셨다. "내가 너희의 발을 씻어준 진정한 섬김의 행위를 알겠느냐? 이것은 곧 구원과 봉사의 삶을 나타낸 것이다."

선생님 또는 주님으로 부르는 분에게서 최고의 사랑으로 섬김을 받은 종(제자)들은 같은 동료인 종들을 사랑하고 섬겨야만 한다. 만일 섬기는 책임을 다하지 못한다면 그것은 자신이 주님보다 더 훌륭하다고 주장하는 것이 된다. 예수님의 세족식은 자신을 본받아 사랑하는 마음으로 종처럼 겸손하게 남을 섬기고 남의 허물까지 기꺼이 씻어 주라고 교훈하신 것이다. 주님께로부터 사랑의 섬김을 받은 제자들은 그를 본받아 채무자가 채권자에게 빚을 갚는 것처럼 다른 사람을 섬기고 봉사해야 한다.

누군가가 세족식에서 발을 씻긴 것으로 자신이 해야 할 봉사를 다 했다고 생각한다면 그것은 현대판 유대인의 고르반이다. 예수님께서 보냄을 받아(요 13:16) 우리의 발을 씻기신 일을 알고 우리가 이를 계속 행하면, 그것이 복이다(마 5:3-12). 이 복은 육신적이고 세상적인 복이 아니라 그리스도께서 주시는 마음의 평안이며 장차 천국에서 누리게 되는 영원한 복이다. 따라서 예수님께서 보내신 제자들은 숭고한 사명자이므로 그 사도들을 영접하는 것은 그를 보내신 아버지 하나님을 영접하는 것이다.

# 배신의 행위와 종말

인간의 심령(하나님과 교제하는 영적인 부분)은 혼(자연적 또는 동물적 생명체)과는 달리 영혼 깊숙이 내면세계에까지 영향을 미친다. 그러므로 "심령이 괴로워"(요 13:21)라는 말은 엄청난 동요를 나타내는 표현이다. 예수님은 자신이 하나님과 하나이기에 하나님께로부터 분리되는 것이 얼마나 고통스러운 것인지를 잘 아셨다. 그래서 유다가 자신으로부터 분리되어 떨어져 나가는 것에 대해 인간적인 연민과 고통을 느끼셨을 수 있다. 3년 동안 함께 지내면서 온갖 사랑을 쏟았던 제자에게 여러 차례 회개를 촉구하는 경고를 했지만, 그가 끝내 사탄의 손에 넘어가는 것을 바라보면서 십자가를 져야 하는 절박한 막바지 상황에서 견딜 수 없는 고통을 느끼신 것이다.

어찌 그 당시뿐이겠는가? 현대의 교인들도 성경 말씀을 통해 경고하는 메시지를 듣고도 회개하지 않는다면 역시 사탄의 손에 넘어갈 수밖에 없다. 앞(요 13:10, 18)에서는 막연하게 이 사실을 암시하셨지만, 이제는 피를 토하듯 아픈 가슴으로 더욱 명백하게 밝히셨다. 여기에서 팔아넘긴다는 것은 어떻게 배신할 것인가를 구체적으로 제시하신 것이다. 그러나 제자들은 어리둥절하여 흘깃흘깃 서로 쳐다보기만 하였다. 예수님은 세 번째 말씀하셨지만, 그동안 전혀 눈치채지 못했던 제자들로서는 실로 청천벽력(靑天霹靂)과도 같은 충격이었을 것이다. 가룟 유다의 배신은 오늘날 몇몇 목회자가 예수 이름을 팔아 성도들을 상대로 사리사욕(私利私慾)을 챙기는 것과 같다.

유대인들은 식사할 때 식탁에서 옆으로 비스듬히 누워 왼팔로 머리를 받치고 오른손으로 식탁 위에 놓인 음식을 먹는데 식탁은 U자형이었고, 사람들은 탁자를 빙 둘러 있었다. 첫 번째 상석에는 베드로(또는 유다)가 앉았을 것으로 추정되는데, 요한에게 고갯짓을 하고 말도 한 것을 보면 예수님의 맞은편이나 좀 거리가 있는 곳에 앉았을 가능성이 있다. 성질이 급한 베드로는 궁금해서 참기가 힘들었을 것이다. 만일 예수님께서 가룟 유다라고 말씀하셨다면 아마도 베드로와 다른 제자들이 그를 가만히 내버려두지 않았을 것이다.

이때는 유월절이었으므로 식탁에는 양고기와 누룩 없는 빵, 빵을 찍어먹는 국물(초에다 무화과 열매 등의 견과류와 향료 능을 섞음, 룻 2:14)

이 놓여 있었을 것이다. 당시 특별히 높은 지위에 있거나 사랑하는 사람에게 빵 조각을 국물에 찍어 주는 관습이 있었다고 한다. 아마도 요한이 "주님, 그게 누구입니까?"라고 나지막한 소리로 물었을 때, 예수님께서 "내가 빵 한 조각을 적셔서 주는 자가 바로 그 사람이다"라고 대답하시는 것을 유다도 들었을 수 있다. 물론 이 대화를 다른 제자들은 듣지 못했을 것이며, 들었어도 유다에게 각별한 대접을 하는 것으로 이해했을 것이다. 그리고 예수님도 유다의 마음을 돌이키기 위해 마지막으로 사랑의 호소를 하셨을 수 있다.

유다에게는 아직도 회개의 기회가 주어져 있었고, 이때가 절호의 순간이 될 수 있었다. 예수님에게서 태연히 빵 조각을 받은 유다의 표정은 굳어졌고 사탄의 모습처럼 일그러졌다. 이 찰나적인 위기의 순간에 하나님의 사랑은 잠시 힘을 잃어버리는 듯했고, 그동안 유다 주변에서 맴돌며 그에게 의심과 번민과 회의를 불러일으키며 기회를 노리고 있었던 사탄은 유다가 예수님께서 주신 회개의 기회를 거부하는 것을 아는 순간 재빨리 그 열린 틈 속으로 들어가 자리를 잡았다. 유다가 완전히 사탄의 앞잡이가 된 것을 아신 예수님은 그에게 자신이 계획한 배신 행위에 착수할 것을 명하셨다.

그러나 대제사장들에게 가서 예수님을 넘겨주기까지, 유다에게는 아직도 짧기는 했지만 기회는 여전히 남아 있었다. 예수님은 앞으로 자신에게 행해지는 모든 것이 대적들이 결정해서 이루어지는 것이 아니라 자신의 뜻과 정한 바에 따라 이루어지는 것임을 나타내 보여 주셨다. 식사 자리에 앉은 사람들(요한까지도)은 예수님께서 하시는 말씀의 뜻을 알지 못했다. 요한이 이 사실을 안 것은 훨씬 나중이엇을 것이다. 만일 알았다면 제자들은 유다가 밖으로 나가지 못하게 했을 것이고 큰 소란이 일어났을 것이다. 언제나 자신의 정체를 철저히 숨기고 매사를 의도적으로 치밀하게 계획하고 행동했기 때문에 제자들은 그의 배신행위를 전혀 눈치채지 못하였다.

제자들이 예수님께서 유다에게 '명절에 쓸 것들을 사라'(니산월 14일에는 물건을 살 수 있었다) 또는 '가난한 사람들에게 무엇을 주라'(예수님께서는 친히 구제하셨다, 요 12:8) 하신 것으로 생각했던 것 또한 예수님께서 유다와 다정하고 친근하게 대화를 주고받았음을 암시한다. 제자들은 생명의 빛 되신 예수님과 함께 있었는데, 유다는 홀로 어둠 속으로 나갔다. 유다는 예수님께서 이미 경고하신 어둠의 위험성(요 12:35)을 잊어버렸다.

사람이 자신의 의지대로 살기 위해 하나님의 사랑을 거절하고 그리스도에게서 등을 돌리고 떠나갈 때 언제나 그 결과는 파멸의 밤이다. 예수님께서 십자가를 지시는 것은 하나님께서 예정하신 일이었으므로 유다의 배신행위는 제자들과 앞으로 기독교인들 중에도 언제나 얼마든지 있을 수 있다는 교훈을 준다.

한편 해가 구름에 잠시 가려지듯이 이제 예수님께서 어둠의 권세에 의해 가려지면서 어둠의 시간이 시작되었다. 그러나 예수님께서 십자가에서 죽으신 지 3일 만에 부활하실 때 영광의 해는 또다시 찬란한 빛을 발할 것이다.

# 사랑은
# 희생이다

만찬장에서 가룟 유다가 나가면서 예수님께서는 긴 고별 설교를 하셨다(요 13:31-16::33). 그는 자신이 수난을 당할 수밖에 없음을 다시금 강조하셨고, "서로 사랑하라"라는 새 계명을 주셨다.

예수님께서는 세 가지 영광에 대해 말씀하셨다.

① 유다가 나가면서 예수님의 십자가 행진은 본격적으로 시작되었다. 동시에 예수님께서는 이 죽음이 결정되는 순간 이제 인자가 영광스럽게 되었다(요 13:31)고 환호성을 발하였다. 왜냐하면 그의 십자가 죽으심이 인간적으로는 고난과 수치의 죽음이지만, 영적으로는 영광의 죽음이요 은혜와 진리, 사랑과 의의 발로이기 때문이다(요 1:14). "영광을 받았고"는 이것을 이미 일어난 사실로 간주하고 있음

을 나타낸다.

② 인자의 고난은 하나님 사랑의 최고의 계시이므로 하나님 자신이 최고의 영광을 받으셨다.

③ 창조주 아버지와 아들의 영광은 불가분리적이며, 또한 십자가의 영광과 부활의 영광도 불가분리적이다. 이 때문에 하나님께서는 친히 자기를 통해 인자(아들 예수)를 영광스럽게 하시려고(요 13:32) 그를 지극히 높이셨다(빌 2:6). 마치 임종을 앞둔 아버지가 사랑하는 자녀들을 진심 어린 마음으로 부르듯 예수님이 제자들에게 '소자들아'(개역한글)라고 부르심은 아직도 제자들이 여러 면에서 어렸기 때문이고, 그들의 마음은 이별이 아닌 사별의 슬픔에 젖어 있었다.

전에 유대인에게 "너희가 나를 찾아도 만나지 못할 터이요 나 있는 곳에 오지도 못하리라 하시니"(요 7:34)라고 말씀으로써 그들의 멸망을 선언하셨지만, 지금 제자들은 "찾아내지 못할 것이다"라는 말씀을 이해하지 못하고 있다. 예수님께서 그렇게 말씀하신 이유는 잠시 동안 제자들과 헤어지지만 부활 후에는 천국에서 만나게 될 것이기 때문이었다.

"너희는 내가 가는 곳에 올 수 없다"(요 13:33)라는 말씀은 가깝게는 십자가를 지는 현장에까지, 좀더 멀게는 부활 승천하셔서 하나님 보좌에 앉으시는 곳까지 제자들은 올 수 없다는 뜻이다. 제자들은 여전히 이 지상에 남아 주님께서 맡겨주신 사명을 감당해야 한다. 그 사명은 '새 계명'이며, '그리스도께서 우리를 사랑한 것처럼'이라는 동기를 부여받았다.

예수 그리스도께서 인류 구원을 위해 이 땅에 오셨고 백부장의 하인, 베드로의 장모, 중풍 병자, 혈루증 앓는 여자, 두 맹인, 한쪽 손 마른 자, 바디매오와 다른 한 맹인, 귀먹고 말 못 하는 자, 수종병 환자, 열병 환자, 나병 환자, 귀 잘린 말고, 왕의 신하의 아들, 베데스다 못가의 병자, 나면서 맹인 된 자들의 육체적 질병을 치유하셨다. 그리고 정신적 질환을 가진 두 귀신 들린 자, 귀신 들린 말 못 하는 자, 귀신 들려 눈멀고 말 못 하는 자, 간질병 소년, 회당의 귀신 들린 자, 꼬부라져 펴지 못하는 여인을 치유하셨다. 또한 자연 현상에 대해 풍랑을 잔잔케 하시고, 5,000명을 먹이시고(오병이어), 물 위를 걸으시고, 4,000명을 먹이시고, 물고기 입에서 돈을 꺼내시고, 무화과나무를 마르게 하시고, 물로 포도주를 만드시고, 부활 후 많은 물고기를 잡게 하시는 이적을 보이셨다. 세상에서 도저히 상상조차 할 수 없는 사건도 보이셨다. 죽은 야이로의 딸, 나인성 과부의 외아들, 나사로를 살려 내시는 능력으로 죄인에 대한 사랑의 이적을 일으키셨다.

그리스도께서 성육신하셔서 십자가에 죽으시기까지 우리를 사랑하신 그 사랑은 우리가 서로 사랑해야 할 근본적인 동기이며, 하나님 사랑의 최초 계시이기도 하다(요일 4:9; 롬 5:8). 옛 계명은 사람들에게 자기같이 이웃을 사랑할 것을 요구했지만, 새 계명은 그것을 초월하여 자기보다 형제를 사랑하고 그 친구를 위해 목숨을 버리는 것이다(요 15:13; 요일 1:3). 우리 주님의 사랑은 자신을 팔려는 유다에게까지 은혜를 베푸셨다(요 13:5, 26). 사실상 이런 종류의 사랑은 전례가 없는 것이기 때문에 그것을 표현하려면 새 계명인 '서로 사랑하라'밖에 없다. 이는 현재형으로서 계속 사랑하라는 뜻이다.

사랑에는 세 종류가 있는데 곧 에로스와 필레오, 그리고 신약에는 안 나오는 친구의 사랑으로 야고보서 4장 4절에만 있는 아가페이다. 그중 아가페는 조건이나 사심 없는 희생, 아무런 인간적인 대가의 보증 없이 모든 것을 기꺼이 주시려는 예수님의 사랑인데, 예수님께서는 이 사랑을 실제로 보여주셨다. 우리의 사랑도 남을 위해 자기의 목숨까지도 버린 예수님의 사랑과 같은 것이어야 함을 나타낸다.

이제 지상에 남겨지는 제자들은 그들 각자를 위해 예수님께서 목숨을 버려 희생적으로 사랑하신 것을 본받아 서로 사랑해야 한다. 제자들이 서로 사랑하는 한 예수님께서 계시지 않아도 결국 그 사랑이 계승된 것이 되며, 이래서 그들은 예수님 안에 거하고 예수님은 그들 안에 거하신다. 그뿐 아니라 그리스도의 제자들이 서로 사랑하는 것을 보고 이 세상은 그들이 예수님과 함께 있다는 것을 인정하게 된다. 반대로 미워하고 다툴 때는 오히려 예수님의 제자라는 것이 비난과 조롱의 대상이 될 것이다.

교회가 교회 될 수 있는 것은 표적이나 형식, 사람의 수가 아닌 오직 사랑에 있다. 교회는 사랑이 있을 때만 참된 교회가 될 수 있으며, 이러한 사랑은 그리스도 안에 있을 때만 가능하다(요 15:5).

"하나님 아버지 앞에서 정결하고 더러움이 없는 경건은 곧 고아와 과부를 그 환난 중에 돌보고 또 자기를 지켜 세속에 물들지 아니하는 그것이니라"(약 1:27).

그러나 현실은 어떤가? 이미 예수님께서 베드로가 부인(否認)하게 될 것임을 예언하신 것처럼 오늘날도 성도들이 예수님을 부인하는 모습들을 비일비재하게 볼 수 있다. 소설 《쿼바디스》를 보면, 베드로가 네로의 박해를 피해 황급히 로마를 떠나 칸파니아로 도망치던 중 예수님을 만나 "주님, 어디로 가십니까?"(Quo Vadis, Domine?) 묻는 장면이 나온다. 예수님이 가시는 곳까지 가려면 누구든지 그와 함께 죽음을 거쳐야만 한다. 베드로는 아직 그렇게 할 만한 준비가 되어 있지 않았다. 그러나 베드로는 주님을 만나고 다시 로마로 향하고, 훗날 성령의 담대한 믿음으로 순교의 길을 거쳐(요 21:18-19) 예수님이 가신 그곳까지 따라갔다. 그가 어떻게 순교하였는지는 분명히 알 수 없으나, 전하는 말로는 로마에서 십자가에 거꾸로 매달려 죽었다고 한다.

순교는 인간적인 용기나 결심만 가지고는 안 되며 성령의 권능을 받고 하나님께서 도와주셔야 가능하다. 베드로는 자신의 약함을 눈물로 회개함으로써(눅 22:62) 양 무리를 먹이라는 귀중한 임무를 위임받았다(요 21:15-17). 교회에서 위임받은 임직자들이 가져야 할 자세는 자신을 높이고 과시하는 교만이나 우월감이 아니라 주님과 같이 죽음의 길까지 갈 수 있는 순종과 믿음이어야 한다.

# 길이요 진리요 생명은
# 오직 한 분 예수 그리스도

"너희는 마음에 근심하지 말라 하나님을 믿으니 또 나를 믿으라"

(요 14:1).

마음은 육신과 대조되는 혼과 영이 깃들어 활동하는 행동과 믿음의 중심이 되는 곳으로 간주되며, 종종 혼이나 영과 같은 의미로 쓰인다. '근심'은 '심하게 흔들리는 것'을 의미한다.

예수님께서 죽음이 임박했다고 예고하신 것(요 13:33)과 베드로가 자신을 세 번 부인하고(요 13:38) 제자들이 자기가 있는 곳에 오지 못할 것(요 13:26)이라고 말씀하신 것을 들은 제자들은, 혼과 영 안에 깃든 지정의의 기반까지 크게 흔들릴 정도로 불안해하고 염려하였다. 주님께서 그런 제자들을 향하여 "하나님을 믿으니 또 나를 믿으라"라며 힘 있는 위로와 격려의 말씀을 하셨다.

여기에서 믿으라는 것은 직설법으로 첫째, 하나님을 믿으라는 것이다. 둘째, 예수님을 믿으라는 명령이다. 둘 다 명령형으로 예수님을 본 사람은 하나님을 본 것(요 14:9)이므로 예수님을 믿는 것은 곧 하나님을 믿는 것이 된다. 예수님을 믿지 않고, 즉 그를 통하지 않고는 아버지께로 가지 못한다. 그러므로 예수님을 믿으면 구원을 얻고 하나님의 보호를 받게 되므로 근심할 필요가 없다.

예수님께서는 계속해서 아버지 집에 거처할 곳이 많다는 것(요 14:2), 기도의 응답(요 14:14), 보혜사 성령을 보내실 것(요 14:16)을 약속해 주셨다. '내 아버지 집에는 거처할 곳이 많다'에서 '집'(거하다, 머무르다)은 단순히 여행 중에 잠시 머무는 임시 숙소가 아니라 계속해서 머물면서 쉴 수 있는 거주지를 의미한다. 이 땅 위의 집들은 초만원이면 길손들을 되돌려 보내지 않으면 안 된다. 그러나 하늘은 하나님의 마음과 같이 넓어서 거기에는 모든 사람들을 위한 방이 있다. 이것이 '많다'는 뜻이다. 예수님께서 일시적인 지상의 거처를 떠나 아버지 집에 제자들을 위해 한 장소, 곧 영원히 거처할 곳을 마련하러 가신다는 것은 불안과 근심에 빠져 있는 제자들에게 큰 소망과 위로를 주었을 것이다.

가능적 희구법(potential optative)인 '만일 그렇지 않았다면'은 그 말씀이 확실하다는 것을 강조한 것이다. 하나님께서 택한 자를 위해 천국을 예비해 놓으셨으며(히 11:6), 성자 예수님은 성부의 우편에서 기도하심으로(롬 11:16) 성도들이 거처할 곳을 마련하신다.

주님께서 '다시 와서'라 하심은 주님의 부활, 오순절 성령 강림, 교회 안에 임재하심 등의 견해가 있지만, 마지막 재림으로 볼 수 있다. 예수님께서는 잠시 제자들 곁을 떠나지만 부활하시어 거처할 곳을 마련한 다음 다시 오셔서 그들과 함께 있겠다고 분명히 약속하셨다. 이는 예수님과의 헤어짐 때문에 불안에 떨고 있는 제자들에게 최대의 기쁨과 행복을 더해 주었을 것이다.

앞서 베드로에게는 "내가 가는 곳에 네가 지금은 따라올 수 없으나 후에는 따라오리라"(요 13:36)라고 했는데, 이제는 그 길이 곧 자신이 하나님께로 가는 바로 그 길임(요 14:6)을 명백히 가르치셨다(요 8:19 등). 예수님은 이 길을 예비하기 위해 고통스러운 십자가를 지셨다. 이미 예수님께서는 앞으로 자신이 나아갈 길에 대해 여러 차례 암시적으로 말씀하셨다(요 8:19, 10:1, 7, 9, 12:26, 44 등).

실제적인 증거와 정확한 정의를 요구하는 유물론적인 유형의 제자인 도마는 매사를 현실적으로 보고 논리적으로 따지고 의심하는 성향을 지니고 있었다(요 14:5, 20:19). 그러나 그는 나름대로 충성심이 있었고(요 11:16) 유명한 신앙고백을 하였다(요 20:26-29). 지적인 사고방식을 가진 그로서는 목적지를 모르니 거기에 도달할 길도 당연히 모르기에 "어떻게 우리가 그 길을 알 수 있겠습니까?"라고 반문했다. 이는 당연한 논리일 수 있다. 그러나 그는 '길'이라는 말씀을 공간적·물리적 의미로만 이해했기에 현실을 초월하여 영원한 세계를 바라보는 영적인 통찰력이 부족하였다.

도마의 우둔하고 회의적인 질문에 예수님은 "나는 길이요 진리요 생명이다"라고 답하셨다. 이 귀한 진리가 세심하면서도 포괄적인 답변으로 계시되었다는 것은 놀라운 신비적 역설이 아닐 수 없다. 여기에서 주님이 '나는'이라고 하신 것은 은유적 자기 표현이며, 이는 자신의 신성을 밝힘과 동시에 인간의 기본적인 욕구를 채워 주는 것이다. 예수님께서는 자신을 '생명'(요 11:25)이요, 바리새인들에게는 '문'(요 10:7) 또는 '세상의 빛'이라고 하셨다. 예수님은 길과 진리를 가르치시는 교사나 모본이 아니라 길 그 자체, 진리와 생명 그 자체이시다.

하나님께로 가는 길은 하나님에 대한 진리를 알고 그 생명에 참여하는 데 있다. 예수님은 하나님께로 가는 유일한 길이요, 진리의 인격화이시요, 생명의 핵심이시다. 예수님은 하나님께로 갈 수 있는 많은 길들 중의 하나가 아니라 유일하고 확실한 길이시다. 오늘날 세상의 모든 종교들은 하나님께 갈 수 있는 다양한 방법이라고 주장하는 소위 종교다원주의는 거짓되고 어리석은 궤변에 지나지 않는다. 왜냐하면 예수님을 통하지 않고는 하나님 아버지께로 올 사람이 없기 때문이다.

예수님은 진리의 내용이시며 진리를 계시하신(골 2:9), 그 안에 조금도 거짓이 없으신 진리 그 자체이시다. 진리는 하나님의 본질적인 것(롬 1:25), 그리스도(고후 11:10; 엡 4:21), 성령(요 14:17, 15:26)과 연관된다. 예수님께서 말씀하신 진리는 만물을 지으시고(요 1:2) 육신이 되어 우리 가운데 오신 말씀이신(요 1:14) 독생하신 하나님(요 1:18), 즉 예수님 자신을 의미한다. 예수님께서 이 세상에 오신 것은 우리로 하여금 생명을 얻도록 하기 위함이며(요 1:4), 예수님 자신이 생명의 원인과 근원이 되시기 때문이다. 이 생명은 예수님 안에 있어 그 누구도 빼앗아 갈 수 없는 영원한 생명이다(요 10:28). 따라서 그가 생명이심을 믿는 자는 그의 자녀가 되며 영원히 멸망치 않고 사망에서 생명으로 옮겨질 것이다(요 1:12, 3:16, 5:24 등).

"길이 없이는 갈 수가 없고, 진리가 없이는 알 수 없으며, 생명이 없이는 살 수가 없다. 나 예수는 마땅히 택하고 걸어야 할 길이요, 마땅히 믿어야 할 진리이며, 마땅히 바라야 할 생명이다. 나는 침범할 수 없는 길이요, 잘못이 없는 진리이며, 끝이 없는 생명이다. 내 길은 가장 곧은 길이요, 내 진리는 최고의 진리이며, 내 생명은 축복 받은 생명, 지음 받지 않는 생명, 곧 참 생명이다. 내 길로 행하면 그대는 진리를 알 것이요, 이 진리는 그대를 자유케 하여 영원한 생명을 소유하게 할 것이다"(토마스 아 켐피스).

# 보혜사 성령의
# 역사

성도들이 그리스도를 사랑하고 그 계명을 지키는 것에 대해, 하나님 아버지께서 아들의 요청을 받아들여 또 다른 보혜사를 주신다. 보혜사는 '곁에 와 부르다'의 수동 형용사가 명사화한 것으로서 '어떤 사람을 돕기 위해 부름 받은 자', '위로자'(요 14:16), '중보자'(요일 2:1), '대언자'(롬 8:26), '상담자' 등의 의미를 지니며, 다른 사람의 소송을 변호하고 대언하시며 힘을 내게 하신다.

예수님께서 지상에서 제자들과 함께 계시는 동안에는 예수님 자신이 그들의 보혜사이셨다. 그러다 이제 세상을 떠나려고 하실 때 다른 보혜사(성령과 성자의 위격을 구별) 곧 성령(요 14:17)을 아버지께 구하여 제자들(성도들)을 위해 보내시어 예수님의 생애 동안 일어난 모든 사건을 기억나게 해주시고(요 14:26), 예수님 자신이 지상에서 그들을 위해 하신 임무를 대행케 하시며, 죄와 심판을 깨우치시고(요 16:13-15), 다시는 그들을 떠나지 않고 영원히 그들과 함께 있게 하신다.

그리스도는 지상에 있는 제자(성도)들을 위해 성부의 보좌 우편에서(롬 8:34), 성령은 우리의 마음속에서(요 14:16-17; 롬 8:26) 중보의 기도를 계속하신다. 그러므로 제자들은 예수님이 돌아가신 후에도 성령과 더불어 하나님의 사랑 안에서 계속 거하는 행복을 느낄 수 있다. 한마디로 보혜사는 요한복음과 서신서에만 나오는 성령 또는 그리스도의 다른 명칭이라고 할 수 있다(요 14:26, 15:26, 16:7; 요일 2:1).

구약 시대에도 똑같은 성령이 활동하시고 역사하셨다. 그러나 오순절 이후 성령께서는 성도의 삶에 영원히 내주하시고 각 개인에게 역사하시는 것으로 표현되고 있다. 요컨대 성령은 성자의 요청으로 성부께서 보내시어 성도와 함께 영원히 함께 계시는 진리의 영(요 14:17)이시다. 성령은 그 본질과 하시는 일에 있어서 진리이며, 모든 진리의 원인과 결과가 되고, 사람들을 하나님의 진리로 인도함과 동시에 진리를 그들의 양심에 새기는 역할을 한다.

삼위일체의 세 위격은 모두 진리와 연관되어 있다(아버지와의 연관 요 4:24; 시 31:5; 사 66:16, 아들과의 연관 요 14:6). 성령은 단순히 힘이나 세력이 아니라 영이요 인격이요 하나님이시다. '너희와 함께'(옆에), '너희 안에'(개인적인 내주), 그리고 '세상에'(예수님을 믿지 않는 자들, 즉 거듭나는 체험을 하지 못한 자들) 거하신다. 하지만 세상은 세상을 지배하는 미혹의 영, 거짓 영(요일 4:6)에 사로잡혀 세상을 진리의 영적 통찰력으로 보지 못하고, 영적인 지식도 알지 못하여 예수님이나 성령을 깨닫는 데 실패하였다. 세상은 성령을 받을 수 없고(고전 2:11), 어둠 속에 그대로 방치되고 죄악에 물든 세상은 소망이 없다(고전 2:14; 롬 8:7).

지금은 성령께서 예수님 안에 거하시며 제자들과 함께 계시지만, 예수님께서 하늘로 올라가시고 성령께서 오순절에 임하게 되었을 때는 그들 '안에' 계실 것이다. 아마도 제자들은 예수님께서 '다른 보혜사'이신 성령을 보내고 떠나버리려고 하시는 것이 아닐까 하는 의문을 품었을 수 있다. 이에 대해 예수님께서는 아버지께로 돌아가시고 진리의 성령을 보내시기 전에 영광의 부활체로서 오실 것을(부활 때, 오순절 때, 심판 때) 강조하신다. 교회는 오순절에 주님(성령)의 강림하심으로 시작되었고 마지막 심판 날에 완성될 것이다. 성령은 세상 끝날까지 친구와 가족(요 15:15, 20:17)처럼 그들과 항상 함께 있을 것이다(마 28:20).

예수님은 십자가에 죽으심으로써 잠시 제자들과 세상에서 보이지 않으실 것이지만 부활 후에는 볼 수 있고, 또 주님이 승천하신 후에는 성령을 통해 영적으로 임재하시는 예수님을 볼 수 있다. 예수님은 여기에서 미래에 일어날 일을 현재의 일로 "내가 살아 있고 너희도 살 것이기 때문에 나도 살고 너희도 살 것이다"라고 분명하게 말씀하셨다. 제자들과 믿는 성도들은 예수님과 같은 생명을 가지고 있으므로 영적인 그리스도를 볼 수 있지만 세상은 보지 못한다. 믿는 성도들의 삶은 언제나 그리스도에게 의존하고 있다(요 1:4, 3:15, 10:10; 빌 1:21).

성령의 새로운 경륜의 시대인 그날에는 이러한 사실을 알게 될 것이다.

① 아버지와 아들과 믿는 자 사이에 완전한 영적 일치가 이루어진다는 것을 알게 될 것이다(요 14:20). 그리스도와 성도의 관계는 하나님과 그리스도의 관계(요 14:10, 10:38; 골 3:3)와 같고, 그리스도가 사랑으로써 우리를 받아주시어 우리는 그리스도 안에 살고 그리스도는 우리 속에 사심을(갈 2:20) 알게 될 것이다.

② 그리스도를 사랑하는 것과 계명을 가지고(마음속에) 지키는(행동으로) 것은 밀접한 관계를 가지고 있다는 것을 알게 될 것이다(요 14:21). 그리스도를 사랑하는 자는 그 계명을 굳게 지키고 자신의 욕구를 버리는 자이다.

③ 아버지와의 사랑은 아들과의 사랑과 분리될 수 없음을 알게 될 것이다(요 14:21). 그리스도를 사랑하는 자는 아버지와 그리스도에게서 사랑을 받게 되고 그런 자에게 그리스도께서 자신을 나타내신다는 것을 알게 될 것이다.

야고보의 아들 다대오(마 10:3; 막 3:18)는 죽은 자 가운데서 부활하신 예수님이 믿는 자들에게만 자신을 나타내는 것에 불만을 가졌고, 보편적인 메시아로서 누구에게든지 나타내셔야만 한다고 생각했다.

① 예수님을 사랑하면 그의 계명(계명 하나하나, 요 15:21)과 말씀(복음 전체, 요 14:23)을 지키게 된다. 그렇게 되면 아버지께서도 그를 사랑하시고 하나님과 그리스도께서 예수님을 사랑하는 자(우리)에게 내려오셔서 그와 함께 사실 것이다. 예수님께서는 다시금 예수님의 말씀이 자신을 보내신 아버지의 말씀이심을 강조하고 있다.

② 성령은 성자가 성부의 이름으로 오시는 것처럼(요 5:43, 10:25) 성자의 이름으로, 곧 성자를 대신하여 오신다(요 14:13). 다른 보혜사이신 '진리의 영' 곧 성령의 영감과 조명에 의해 모든 것(예수님의 인격과 구속 사역에 관한 것)이 깨달아지고 생각나게 될 뿐 아니라 그때까지 생각하지 못했던 깊은 의미가 분명하게 될 것이다.

③ 예수님께서는 평화를 남겨 주신다. 이 평화는 세상이 주는 평화(안전, 부귀, 장수, 무사고 등, 렘 6:14, 8:11)가 아니라 예수님만이 주실 수 있는 평화이며, 하나님에 대한 양심의 평화(롬 5:1), 하나님의 심판을 면한 영원한 평화(롬 8:1), 하나님 및 그리스도와 영적으로 사귀는 자가 그 사랑으로써 받는 평화(롬 8:31-39)이다. 세상이 주는 평화는 어떤 문제나 상황에 맞서려 하지 않고 그것을 피하려는 비겁한 평화이지만, 예수님께서 주시는 평화는 외적인 환경에 좌우되지 않고 적극적으로 도전하고 상황을 극복하는 평화이다.

# 예수가 누구인지 알고 기도하라

예수님께서는 제자들에게 "나를 알았더라면 내 아버지도 알았으리로다"(요 14:7)라고 하시며 창조주 하나님 아버지와 자신 사이의 친밀한 관계를 다시 한번 강조하심과 동시에 아버지에 대한 완전한 계시를 보여주셨다(요 1:18). 이로 말미암아 제자들은 하나님에 대한 참된 지식을 가지게 되었다.

앞서 도마의 질문인 '어떻게 우리가 그 길을 알 수 있겠습니까?'는 '내가 아버지를 알지 못하는데 어찌 예수님을 알 수 있겠습니까?'와 같은 말이다. 성부 하나님과 성자 예수님은 하나이시므로(요 10:30, 14:9), 또한 성자는 성부의 자기 계시이시므로(요 1:18) 예수님을 아는 것은 아버지를 아는 것이다. 따라서 이미 예수님을 알게 된 제자들은 아버지께로 가는 길을 알고 있는 것이고, 또한 아버지를 알고 본 것이다. 그들에게 지금부터 미리 일러둠은 일이 일어날 때 예수님이 그인 줄 그들이 믿게 하려 함이다(요 13:19; 계 14:14). '일이 일어날 때'라 함은 구체적으로 고난의 때를 가리키는데, 그 후에야 제자들은 예수님이 하나님의 본성과 뜻에 대해 얼마나 많이 계시해 보여주셨는지를 깨달았다.

예수님께서 제자들에게 "너희는 아버지를 알았고 보았다"라고 말씀하시자 빌립은 '보았다'라는 말씀에 의아해하면서, 모세가 여호와께 구했던 것과 같이(출 3:18) 또는 이사야가 보았던 것처럼(사 40:5) 아버지를 중개자 없이 직접 눈으로 볼 수 있다면 만족하겠다고 말했다. 빌립은 예수님과 함께 오랫동안 있었지만, 그의 인격과 사역의 의미를 전혀 깨닫지 못하고 있었다. 더욱이 예수님이 하나님의 아들이시라는 것과 예수님을 본 것이 아버지를 본 것(요 1:18)이라는 가장 중요한 사실조차 알지 못하였다. 그가 예수님을 앞에 두고 보면서도 아버지를 보여달라고 한 것은 실로 어리석고 한심한 일이 아닐 수 없다.

성령의 역사가 아니면 누구도 예수님께서 말씀하신 하나님의 진리를 능히 깨달아 알 수 없다. 하나님과 예수님은 두 인격이지만 하나이시다. 두 분 사이에는 영적인 사귐이 있고 목적과 의도, 진리와 생명에 있어서 완전한 일치와 조화가 존재한다. 그것은 지금까지 예수님께서 계속 반복적으로 가르쳐 오신 진리이기도 하다(요 5:19-23, 7:28-29 등). 예수님께서 "내가 너희에게 이르는 말은 스스로 하는 것이 아니라 아버지께서 내 안에 계셔서 그의 일을 하시는 것이다"라고 하신 말씀은 아버지께서 예수님 안에서 하시는 말씀과 일이 불가분리적인 관계에 있음을 뜻한다. 따라서 예수님이 말씀하시고 행하시는 일을 보면 예수님 안에 계시고 함께 일하시는 아버지를 볼 수 있다(요 1:18, 10:30; 골 1:15; 히 1:3).

만일 누구든 예수님을 믿는다면 그 말씀을 의심 없이 믿을 것이다. "내 말을 믿지 못하겠거든 내가 행하는 일들을 보고 믿으라"고 한 예수님의 말씀 속에 빌립에 대한 안타까움과 실망감이 미묘하게 뒤섞여 있음을 느낄 수 있다. 구원에 이르게 하는 믿음은 실체적인 내용을 가진 한 인격체로서 예수님을 전적으로 신뢰하는 것이다. 여기에는 예수님께서 아버지와 하나이심을 믿는 것이 포함된다(요 17:21-22). 이것은 예수님을 믿을 뿐 아니라 예수님이 곧 하나님과 동등하시다(요 14:10-11)는 것을 믿으라는 의미이다.

예수님께서는 자신만이 그렇게 놀랄 만한 일을 행하시는 것이 아니라 진심으로 자신을 믿는 자들에게 더 큰 일을 할 수 있는 가능성이 있음을 선언하신다. 예수님께서 성부께로 가시면서 제자들을 고아와 같이 내버려두지 않고 그들을 위로하고 강하게 하시고 그들에게 능력을 주실 보혜사 성령을 보내겠다고 약속하셨다(행 1:8).

이는 예수님께서 부활하신 후 제자들이 활동하는 것이 예수님께서 활동하신 것에 비해 질(큰 이적들과 큰 영적 역사들)에 있어서가 아니라 영향력이 미치는 양(활동 범위)에 있어서 더 클 것을 의미한다. 예수님의 지상 생애의 활동 범위는 팔레스타인 땅, 그리고 선교의 대상도 거의 '이스라엘 집의 잃어버린 양'에 한정되었지만(마 15:24), 예수님을 믿는 신앙은 구원의 복음을 이방인 세계에까지 가져가 많은 사람이 하나님의 통치를 맛보게 할 것이다. 예수님보다 더 큰 일들을 할 수 있는 근거는 이것이다. ① 예수님을 믿는 것이다. ② 예수님이 아버지께로 가시는 것이다. 예수님은 아버지께로 돌아가시면서 믿는 자들에게 임무를 주어 세상에 보내신다(요 17:18). ③ 예수님의 이름으로 구하는 것이다(요 14:13).

예수님을 믿는 신앙은 제자들의 기도를 예수님 자신의 기도로까지 높여 준다. 하나님께서 예수님의 기도를 들으신 것처럼(요 11:41-42) 제자들이 예수님을 믿고 드리는 모든 기도가 응답 받는 것은 아니다. 중요한 것은 예수님과 한 몸 된 영적 생명 안에서 기도해야 응답이 된다는 것이다. 왜냐하면 믿는 자는 그리스도 안에, 그리스도는 믿는 자 안에 거하시기 때문에, 그리스도의 이름으로 기도하면 그리스도께서 중보자가 되시어 하나님의 뜻대로 기도하게 해주시므로 하나님께 받아들여지기 때문이다.

예수님께서 지상에서 떠나가심으로 그의 영향력이 없어지는 것이 아니라, 기도의 능력으로 더욱더 광범위하고도 강력하게 그 영향력이 미치게 된다. 따라서 '예수님의 이름으로' 드리는 기도는 예수님처럼 하나님의 뜻에 대한 온전한 순종과 헌신, 그리고 예수님에 대한 뜨거운 사랑 가운데서 드려지지 않으면 안 된다.

> "'당신의 뜻이 이루어지이다'라고 말하는 기도는 언제나 응답 받는다"(바클레이).

그리스도와의 영적인 교제에서 기도하는 것은 그리스도를 사랑하면서 기도하는 것이다. 그와 같은 사랑의 관계에 서게 될 때 그리스도는 그를 사랑하여 그 기도를 들어주시며, 그는 그리스도의 계명을 지키게 된다. 여기에서 '사랑하여'라는 것은 오늘날 교회 성도들이 이웃에 대한 사랑으로서 원수를 사랑하고(마 5:43-44; 눅 6:27), 악한 것을 생각하지 않고(고전 13:5), 성내지 않으며(고전 13:5), 불의를 기뻐하지 않는 것이다(고전 13:6). 또 교만하지 않으며(고전 13:4), 이웃에 악을 행치 않으며(롬 13:10), 투기하지 않으며(고전 13:4), 자랑하지 않는 것이다(고전 13:4). 더불어 무례히 행하지 않는 것이고(고전 13:5), 자기의 유익을 구하지 않으며(고전 13:5), 거짓이 없는 것이다(롬 12:9). 이러한 삶의 예배자가 되지 않으면 그 기도는 염불(念佛)에 불과할 뿐이다.

다시 말하자면, 그리스도께서 명하신 사랑을 실천하는 일은 기도의 조건임과 동시에 성령을 기다리는 태도이다. 누군가를 사랑하면 그에게 기쁨을 주려고 행동하는 것처럼 예수님을 진심으로 사랑하면 언제나 기쁨으로 계명을 지키려고 노력할 것이다.

# 신앙과 주술

창조주 하나님을 초자연적인 절대자로 믿고 받드는 사람을 '신앙인'이라 한다. 하나님 즉 예수 그리스도의 능력을 확신하고 전적으로 믿고 신뢰하고 의뢰함을 진실로 받아들이는 것을 성경에서 '믿음'이라 한다. 믿음은 하나님께 자신의 삶을 맞추는 태도를 말한다.

믿음을 지닌 사람은 하나님이 계시해 주신 진리를 확실하고 신뢰할 만한 것으로 여기고 신뢰, 사랑, 순종함으로 하나님께 반응한다. 구약에 나타난 믿음을 살펴보자. 창세기 15장 6절에 나타난 '믿다'는 하나님께서 아브라함에게 하늘의 별들과 같이 많은 자손들을 주신다고 약속하셨을 때(창 15:5) 아브라함이 여호와를 믿었다는 의미이고, 여호와께서는 이를 그의 의로 여기셨다(창 15:6).

창세기 15장 6절과 구약 전체를 통하여 사용된 '믿다'에 해당하는 히브리어 단어는 '아만'(aman)이다. 이 단어의 어근은 견고하고, 믿을 수 있고, 확실하고, 진실된 것을 의미하며, 또 담대함을 가지고 받아들일 수 있는 것을 의미한다. '아멘'(amen)이 여기에서 유래했다. 무엇인가를 믿는 사람은 그것의 신뢰성을 확신하고 있는 것이다.

요즘 교회에서 예배드리는 중 더러는 '아멘'을 큰 소리로 부르짖는다. 좋은 현상이다. 그런데 그 '아멘'이라고 화답한 사람들의 삶이 그것과 전혀 다른 경우가 너무나 많다. 물론 아낌없는 아가페(희생) 사랑으로 살아가는 신앙인들도 있지만 매우 드물다. '아멘'에는 강요하는 성격도 있다고 본다. 하나님을 믿는 종교인들에게 믿음(신앙)으로 살아가는 신앙인이 되겠다고 고백하라는 뜻도 포함되어 있다. '아멘' 하는 신자들이 들은 말씀대로 살지 않는다면 그 '아멘'은 가식일 뿐이다.

신약에서 믿음의 대상은 예수님이시다. 예수님은 하나님 자신을 완전히 계시해 주신 분이기 때문이다. 예수님의 말씀을 들었던 사람 중 피상적인 믿음으로 반응을 보인 사람들이 있는데, 그들은 예수님이 좀더 어려운 말씀을 하실 때 그 믿음이 의심으로 바뀌었다(요 2:22-23과 6:60을 대조해 보라).

믿음장이라 불리는 히브리서 11장은 "믿음은 바라는 것들의 실상이요 보이지 않는 것들의 증거니"(히 11:1)라는 말로 시작된다. 예수님을 믿는 우리는 비록 아직까지 보지 못하지만 우리가 바라는 것에 대해서 확신할 수 있다. 야고보서 2장에 나타난 '믿음'은 적어도 두 가지 면에서는 효력이 발생할 수 없다. 믿음의 대상이 잘못된 경우는 거짓된 것이다. 헛된 대상에 믿음을 두는 자는 헛되게 믿는 자이고, 믿는 대상을 개인적인 위탁 없이 지식적으로 믿는 자이다. 야고보는 심지어 마귀들도 하나님이 존재한다는 것을 믿고 떤다는 점을 가지고 이 두 번째 문제를 예증하고 있다.

예수님 안에서 우리를 부르신 하나님에 대한 신앙은 주님께 대한 우리의 총체적인 반응을 요구하고 있다. 신자란 누구인가? 예수님께 그의 믿음을 두는 사람을 말한다. 동서양을 막론하고 사람들은 모든 만물이 어떠한 보이지 않는 초인적인 힘에 의하여 지배되고 운행되는 것으로 믿었다. 인간들은 그 초인적인 힘을 인간의 편으로 유도하고 조작하여 닥쳐올 불행을 예방하고, 대신 평안을 유지할 수 있을 것으로 생각하였다. 이에 그러한 힘을 인간 편으로 유도하고 조작하기 위한 여러 가지 수단이 등장하였던 바, 이것이 곧 주술(呪術)이다. 따라서 주술이란 인간이 자신의 목적을 달성하기 위한 하나의 생활 수단으로서의 의미를 가진다고 할 수 있다.

주술사는 정령을 목적의 수단으로 이용하고 개인적인 문제 해결에 주목적이 있지만, 무당은 신이나 정령으로부터의 가호를 기원하여 종교적인 일반 문제를 해결하는 것을 본질로 하고 있다. 또 주술은 종교의 원시적인 한 형태라고 할 수 있다. 원시종교를 주술종교라는 말로 통칭하고 있는데 주술적인 요소에서 종교로 발전되었다. 주술은 일반인들에게 커다란 심적 효과를 준다. 초자연적인 힘에 대한 절대 복종이 아니라 미약하나마 반응을 함으로써 심적인 위안을 증대시킨다.

오늘날 교회 통성기도 시간에, 신자들을 위로하고 답답함을 풀어 주기 위한 것인지는 모르겠지만 기도의 발음의 무게나 억양 자체가 강요 또는 협박하거나 명령하는 식의 주술적 기도가 성행하고 있다. 마치 "하나님 까불면 내가 가만 안 둔다"라고 말한 전광훈과 같이 말이다. 신앙은 하나님께 나아가서 그 말씀을 따라서 순종하기 위해 나라는 존재를 부인하고 오직 내 안에 주님만 임재하시게 하는 것이다. 그러나 주술적 종교인은 하나님을 이용하거나 힘을 빌려서 자신의 손익을 달성하려는 목적을 가지므로 자신의 불의한 행위를 전혀 모르는 주술인 무당과 같다.

성경에 기록된 상식적이고 자연적인 것을 초월하는, 즉 초자연적 사건으로 나타난 이적(異蹟, Miracle)과 기적(奇蹟, Miracle)들은 하나님께서 택하신 백성들을 구원하기 위해 인간의 역사 안으로 직접 개입하셔서 행하시는 일을 가리킨다. 또한 이것을 통해 전달하고자 하는 메시지를 그의 백성들이 이해하고 받아들이도록 하는 것과 깊이 관련되어 있다. 그러나 자연의 법칙을 깨뜨렸기 때문에 놀라움을 일으키고 하나님의 적극적인 개입의 증거로 나타나는 사건에서 그리스도의 이적과 기적을 목격한 많은 사람들이 예수님을 거부했고(요 9:28-34), 도리어 예수님을 대적한 자들은 그를 사탄과 한통속이라고 주장했다(마 12:22-30). 성경은 앞으로 올 모든 가짜 기적들과 표적들과 이적들을 행할 적그리스도의 출현도 예언한다(살후 2:9).

# 나무와 가지의 원리

고대 사회는 족장 시대에 한 가정을 중심으로 씨족사회를 이루어 일가친척이 한 가문(家門)으로 번성하였고, 더 나아가 한 국가가 형성되었다. 현대 사회에서도 나라마다 다르지만 왕족으로 된 가문, 유명 인사들의 가문이 있다. 미국에서는 부시 가문 등이 기득권을 형성했고, 영국에서는 왕족이라는 가문의 기득권이 형성되어 있다. 그들은 그들 가문끼리만 결혼하며, 특히 일본은 가족끼리 씨족이라는 가문을 대단하게 여기며 대단한 자부심이 있다고 한다.

유대인들은 종교적인 차원에서 창조주로부터 선택받은 민족이라는 자긍심으로 타 민족들을 멸시 천대한 것으로 성경에 기록되어 있다. 성경에 나오는 국가를 실제 역사 순서대로 보면 앗수르(아시리아), 바벨론(바빌로니아), 페르시아, 헬라(알렉산더 황제), 로마제국 순으로 이스라엘의 역사와 밀접한 관계가 있다. 각 제국은 근동에서 가장 잘나가는 나라였고 엄청난 영향력을 행사했다.

성경은 개신교를 비롯한 모든 아브라함 태생 종교(유대교, 이슬람교, 가톨릭, 성공회 등)가 공유하는 신(神)의 선물이다. 기독교 중심적으로 말한다면 구약은 오실 메시아에 대한 예언이고, 신약은 오신 메시아에 대한 말씀이다. 간혹 구약을 그저 옛이야기 정도로 치부하는 사람이 있는데 이는 성경의 완결성에 대한 무지한 도전이다. 창세기 12장부터 펼쳐지는 고대 이스라엘의 역사는 한 민족의 역사에 국한되어 있지 않고 당대 세계를 제패한 역사를 움직이는 동력이 어디에 있는가를 새삼 일깨운다. 모든 제국은 한결같이 다 망했다. 영원한 제국은 없었다. 진정한 역사의 주인이 누구인지, 세계의 왕이 누구인지를 성경은 일관된 흐름으로 설파한다.

당시 중동의 포도는 감람(올리브), 무화과와 함께 유대 지방의 3대 특산물이었으며(민 13:23), 구약에서는 이스라엘을 상징하는 것으로 묘사되었다(시 80:8-16; 사 5:1-7; 렘 2:21). 예수님께서는 종종 포도나무에 대해 언급하셨으며(마 20:1-16, 21:33-46 등), 특히 사도 요한은 하나님을 농부, 예수님 자신을 포도나무, 제자들을 가지에 비유했다. 원래 이스라엘은 "순전한 참 종자 곧 귀한 포도나무"(렘 2:21)로 비유되었지만, 열매를 맺지 못하거나 들포도를 맺었다(사 5:2). 그들은 자신들이 선택받은 아브라함의 자손이며 혈통과 출생과 국적으로 말미암아 하나님의 참 포도나무라고 생각했지만(호 10:1) 실제로는 헛되고 쓸모없는 포도나무가 되고 말았다.

그러나 예수님은 참 포도나무이시다. 여기에서 '참'은 '진실한', '순수한'을 의미하며, 모형에 대한 실물을 나타낸다. 모형인 이스라엘은 하나님께서 그들을 부르신 목표에 도달하지 못했지만, 이제 실물이신 예수님으로 말미암아 그 목표에 도달하게 된 새 이스라엘이 역사의 무대에 등장하게 된다. 이스라엘은 영적 생명을 오직 하나님께로부터 받는 구속받은 무리들(사 51:11)을 가리킨다. 포도나무(그리스도)와 그 가지(성도)를 주관하시는 주인 되신 하나님(요 15:1)은 그리스도의 몸 된 교회의 소유자이시며, 때로는 나쁜 가지를 잘라버리시는 심판자이시기도 하다.

가지에는 세상적인 가지와 열매를 맺는 영적이고 생명력 있는 가지가 있다. 예수님을 믿는 자들은 예수님의 몸(나무)에 이어진 기관(가지)이며, 예수님의 몸이 십자가의 희생으로 바쳐짐으로 주어지는 참 생명에 참여하고 있다.

포도 농장에서는 병들거나 썩거나 열매 맺지 않는 가지는 잘라버리고, 어떤 가지는 해충과 불순물을 제거하고 깨끗하게 하여 열매를 맺게 한다. 일단 농부이신 하나님의 예리한 심판의 칼에 잘린 나무는 지옥불에 던져져서 불에 태워지고 만다(요 15:6). 자르느냐, 깨끗하게 하느냐는 하나님에 의해 순간적으로 행해지지만 그 결과는 정반대로 엄청난 차이가 있다. 때로 농부이신 하나님은 참된 성도의 병들거나 불필요한 부분을 잘라버릴 수 있다. 그것은 그로 하여금 열매를 많이 맺도록 하기 위함이다.

가룟 유다는 참포도나무이신 그리스도와 연관되어 있었지만 병들고 말라 죽어 열매를 맺지 못했기 때문에 잘림을 당하였고, 남은 제자들은 예수님의 계명과 말씀을 지키고(요 14:21), 예수를 믿고(요 8:31), 그분의 말씀이 그의 안에 거했기 때문에 이미 깨끗하게 되었다. 이 내용은 자연과학적이고도 철학을 뛰어넘는 하나님의 지혜로운 말씀이다. 예수님의 말씀에는 사람을 깨끗하게 하는 능력이 있기 때문이다.

가지가 깨끗해지기 위해서는 이어져 있는 나무줄기로부터 생명을 공급받아야만 한다. 그리스도의 생명을 끊임없이 공급받는 조건은 일상생활에서 범하는 죄를 고백하고(요일 1:9) 날마다 자신을 깨끗하게 하는 것이다(요일 3:3). 열매를 맺을 수 있는 유일한 방법은 그리스도(포도나무)와 생명력 있는 영적 사귐을 계속하는 것이다. 유다는 스스로 나감으로써 나무에서 잘렸다. 사탄은 나머지 제자들도 '밀 까부르듯' 시험할 것이며 죄와 게으름은 그들을 그리스도에게서 떠나게 할 것이다.

그리스도와 성도 간의 끊을 수 없는 영적 관계의 연합의 원리로

"이제는 내가 사는 것이 아니요 오직 내 안에 그리스도께서 사시는 것이라"(갈 2:20)라고 고백할 수 있다. 자신이 생명의 근원인 것처럼 착각하는 것은 스스로 무덤을 파는 것과 같다. 가지가 잘려 나가도 잠시 동안은 살아 있는 것처럼 보일 수 있지만, 곧 시들어 말라버린다. 교회에 다니고 신앙생활을 한다고 하면서도 참된 신앙고백이 없고 그리스도와 계속적인 사귐이 없다면 그는 열매를 맺지 못할 것이다. 그리스도 안에 있어야 온전한 성도의 삶을 살아갈 수 있고(롬 3:24; 갈 2:20; 골 1:19), 그리스도의 은혜를 입어야 온전한 삶의 열매를 맺을 수 있다(갈 5:22-23). 신앙인의 열매로 경건한 삶(마 3:8, 7:16-20) 또는 인격의 덕목(갈 5:22-23; 엡 5:9; 빌 1:11)의 많은 열매를 맺는다. 그리스도와의 연합이 없으면 열매가 없을 뿐 아니라 아무것도 할 수 없다. 누구든지 열매 맺는 응답을 받으려면, 그리스도 안에 머물고, 그리스도의 말씀 안에 머물러 그리스도의 말씀에 합당하게 기도해야 한다. 그리스도와 영적 교제를 갖는 자는 구하는 바를 다 받을 수 있고, 원하는 바를 다 이룰 수 있다. 그러므로 우리는 기도하는 생활을 통해 열매 맺을 수 있는 기회를 소홀히 해서는 안 된다.

그리고 주님의 사랑 안에 거하려면 서로 사랑하라는 계명을 지켜야 한다. 서로 사랑하는 것은 주님의 사랑 안에 머무는 필수 조건이다.

# 예수님의 말씀은
# 세상의 죄악성을 드러낸다

창조주 하나님을 떠난 세계(요 1:9)란 하나님을 거스르는 인간 사회, 하나님의 목적에 반대하는 인간 제도, 예수님을 미워하는 불신자들의 죄로 말미암아 왜곡된 세상이다. 이처럼 세상은 사탄의 지배를 받고 어둠 속에 살면서 죄에 깊이 물들어, 피조물이라는 한계를 잊고 자기중심으로 행동하며 하나님을 무시하는 생활을 하고 있다. 세상이 예수님과 제자들을 미워한 것은 어떤 정치적 이유나 옛 전통을 보존하기 위한 것이 아니라, 예수님의 말씀이 그들의 죄악성을 드러내었기 때문이다. 증오심과 악의로 가득 찬 세상은 예수님의 종 또는 주님에게 택함을 받은 친구인 제자들도 역시 미워할 것이다.

사람은 두 종류로 나눌 수 있는데, 세상에 속한 사람과 속하지 않은 사람이다. 세상은 전자는 자기 것으로 여겨 사랑하지만 후자는 미워한다. 세상이 그들을 미워하는 이유는, 그들이 세상의 주의와 풍조를 따르지 않을 뿐 아니라, 그리스도에 의해 택함 받아 성별 되어 그리스도의 성도가 되고 그 명령을 좇고 있기 때문이다. 따라서 빛 되신 주님에게 속해 있는 성도를 어둠의 권세 잡은 사탄의 자녀들이 미워하는 것은 당연한 일이며, 반대로 세상에서 미움받는다는 것은 참된 제자와 성도임을 증거하는 것이기도 하다.

제자들 또는 성도들은 이제 포도나무의 가지로서 예수님의 몸의 일부가 되었으므로 이 세상으로부터 미움과 핍박을 받지 않으면 안 된다. 세상과 유대인들은 예수님의 제자라는 이름 때문에 제자들에게도 똑같은 일들을 행하려 할 것이다. 그들이 예수님을 대적하고(요 15:20), 예수님을 보내신 하나님을 미워하고(요 15:23), 예수님을 따르는 자들을 핍박하는 것은(요 15:21) '예수님을 보내신 분'을 알지 못하기 때문이다. 만일 이방인들이 그렇게 했다면 하나님을 알지 못했기 때문이라고 변명할 수도 있겠지만, 하나님의 백성인 유대인은 예수님과 그의 제자들을 핍박한 것에 대해 변명할 구실이 없다(요 15:22). 왜냐하면 예수님은 먼저 그들에게 보내심을 받으셨고(요 1:11) 그들 사이에서 하나님의 일을 행하셨지만, 유대인들은 그것을 보면서도 예수님과 하나님 아버지를 미워했기 때문이다.

특권과 책임은 언제나 함께 존재한다. 유대인들은 하나님의 특별한 계시를 받았고 하나님의 아들과 함께 거하는 큰 특권을 누렸지만, 아들을 받아들이지 않음으로 엄청난 죄를 범하였다. 혹 그들에게 오시지 않았어도 그들은 여전히 죄인이었겠지만 적어도 아들을 직접 거부하는 죄는 없었을 것이다(요 15:24). 유대인들은 율법으로 예수님을 정죄하려고 했지만, 오히려 자신들이 정죄를 받았다.

예수님을 거부한 자들은 자신들이 하나님의 목적을 저지했다고 생각했지만, 그 목적은 항상 성취되었다. 예수님께서는 다시 성령에 대해 언급하면서(요 14:16) 세상의 미움에 대해 성령의 역사가 있을 것을 말씀하신다.

성령이 아버지께로부터만 나오느냐(동방교회), 아니면 아버지와 아들에게서 나오느냐(서방교회) 하는 의견 차이가 있었다. 물론 보혜사를 보내겠다고 말씀하신 점 등으로 볼 때 서방교회의 주장이 더 낫게 보이지만, 한 절만 보고 이 난제를 확정하는 데는 다소 무리가 있다. 무엇보다도 이 구절은 성령의 신성과 그 증거의 확실성을 나타낸다. 또한 성령의 명칭 '하나님의 성령'(마 3:16, 12:28; 고전 3:16, 6:11; 고후 3:3; 빌 3:3), '주의 성령'(눅 4:18), '너희 아버지의 성령'(마 10:20), '살아 계신 하나님의 영'(고후 3:3), '그리스도의 영'(롬 8:9), '예수의 영'(행 16:7), '예수 그리스도의 성령'(빌 1:19), '주의 영'(행 5:9, 8:39), '그 아들의 영'(갈 4:6), '진리의 성령'(요 15:26, 16:13), '보혜사'(요 14:16), '같은 믿음의 마음'(고후 4:13), '은혜의 성령'(히 10:29), '성결의 영'(롬 1:4), '생명의 성령'(롬

8:2), '영광의 영'(벧전 4:14) 등은 '성령께서 예수님에 대한 사실들을 보증하고 가르치실 때 너희들도 증언하라'라는 뜻이다.

    제자들은 처음부터 예수님과 함께 있었으므로 예수님의 증인으로서의 특별한 지위와 책임과 권위를 가지고 있었다. 그들은 처음부터 예수님과 함께 있으면서 그가 하시는 일을 목격했고(눅 1:1; 행 1:21-22), 성령의 내주하심으로 예수님에 대해 완전히 증거할 수 있는 모든 요건을 갖추고 있었다. 신약성경으로 기록된 제자들의 증거는 성령의 증거와 함께 예수님께 대한 완전한 증거임에 틀림이 없다(행 5:32, 15:28).

# 예수 믿는 신앙인이
# 핍박받아야 하는 이유

　성경에서 예수님의 제자들이 주님을 사랑하고 서로를 사랑함으로 핍박이 찾아오지만, 그 가운데서도 제자들의 그 증거를 통해 그리스도가 증거된다. 이 사실을 알게 되면 어떤 핍박이 와도 그들은 결코 실족하지 않을 것이다.
　초대교회의 기록을 보면 성도들 대부분이 온갖 핍박 가운데서도 끝까지 믿음을 지켰지만 때로는 믿음에서 떠나 실족하는 경우들도 적지 않았다. 유대인은 제자들과 믿는 자들을 회당에서 쫓아내고 국적과 재산을 몰수하며 죽이기까지 하면서, 자신들이 그렇게 하는 것을 '하나님께 봉사하는 일'이라고 생각했다.

"불경건한 자의 피를 흘리게 하는 자는 모두 제사장과 같은 사람이다"(민 25:13에 관한 미드라쉬).

즉, 신자들을 죽이기까지 핍박하는 것을 예배 곧 하나님께 제사드리는 것으로 생각한 것이다(행 6:13, 7:57 이하, 26:9-11; 히 6:1 이하, 9:7 이하). 다메섹 사건 이전의 바울도 교회를 핍박하는 것이 하나님께 대한 충성이라고 생각했다(행 22:3, 5, 26:9). 그러한 박해자들은 예수님을 보내신 성부 하나님이 제자들을 보내신 뜻을 알지 못했다는 데 대해서는 거의 변명의 여지가 없다. 왜냐하면 유대인들만은 마땅히 알고 있어야 했기 때문이다(롬 9:4-5).

예수님께서 또다시 이 일들에 대해 말씀하시는 것은, 핍박이 올 때 제자들로 하여금 자신의 말을 기억하고 용기와 힘을 얻어 그 핍박을 능히 극복할 수 있도록 하기 위함이다. 예수님께서 지상사역을 시작하시면서 제자들과 함께 있을 때는 모든 미움과 박해가 그에게로 쏠렸으며, 그때마다 예수님은 그들의 공격을 한 몸에 받아 제자들의 입장을 지켜 주셨다(막 2:23-28, 7:1-13). 그러나 이제 예수님께서는 제자들을 세상에 남겨두고 자신을 보내신 아버지께로 돌아가려고 하시면서(요 14:12, 16:10, 17-18) 앞으로 다가올 핍박에 대해 제자들의 마음을 미리 준비시키셨다.

예수님께서 "이제 나를 보내신 분에게로 간다"라고 말씀하신 것은 그의 죽음, 더 나아가 부활과 승천을 의미한다. 이때 제자들은 슬픔으로 가득하여 예수님께서 가시려는 곳과 그 이후에 있게 될 일들에 대해 물어볼 용기가 없었다(요 16:5-6). 조금 전 베드로는 "주님, 어디로 가십니까?"(요 13:36, 14:5)라고 물었지만, 그것은 예수님께서 기대하시는 것이 아닌 막연하면서도 회의적인 물음이었다. 예수님께서는 제자들이 부활하여 승천하시는 영광스러운 자신을 바라보면서 용기와 위로를 얻게 되기를 원하셨지만, 제자들은 그들 앞에 닥친 핍박에 대해서만 두려워하고 슬퍼하였던 것이다(요 16:6). 그들은 예수님이 없다면 자신들이 가야 할 길을 알지 못하는 목자 없는 어린양에 지나지 않았다.

오늘날 성도들은 목자(예수님)라는 동등한 칭호를 구원자 예수님의 반열에 올려놓았다. 예수님은 진리요(요 14:6) 그가 하시는 말씀도 진리이다(요 1:17, 8:40, 45-46). 예수님께서 떠나가시면서 보혜사 즉 성령을 보내실 것인데, 그 성령은 적어도 네 가지 유익을 주신다. ① 예수님을 통해 제자들과 함께하셨던 성령이 이제부터는 더욱 개인적으로 친밀하게 그들 안에 거하실 것이다. ② 원래 성육신하신 예수님은 장소와 시간과 죽음의 제한을 받게 되어 있었지만 그리스도께서 부활하심으로 오실 성령은 시간과 공간을 초월하여 역사하실 것이다. ③ 그동안 제자들은 보는 것에 의지하여 살아왔지만 앞으로는 오직 믿음으로만 살게 될 것이다. ④ 제자들은 성령의 역사하심으로 예수님과 그의 말씀에 대해 더욱 명확하게 알게 될 것이다.

보혜사는 제자들이 미움을 받을 때 그들을 변호할 뿐 아니라 세상의 잘못을 책망하고 고발하는 역할을 맡아 주신다. 예수님께서 핍박받은 것도, 율법주의 바리새인(오늘의 검찰 직원)과 제사장직을 맡은 사두개인(오늘의 법원 판사)들이 하나님을 이용하여 형성한 기득권을 유지하려고 온갖 불법을 자행하는 죄를 예수님이 지적했기 때문이다. 요즘 교회에서처럼 당시에도 하나님의 은혜를 팔아 정죄하지 않고 덮어 주거나 침묵했더라면 예수님이 핍박받을 이유가 없었다.

현행 형법 제31조는 미필적고의(未畢的故意) 즉 상대편의 죄를 알고 있으면서 그 죄를 침묵으로 덮어 주는 공범자들에게 형벌을 가한다. 그런데 이상하리만치 교회에서만 미필적고의 공범들이 많아지니 참으로 아연실색(啞然失色)할 지경이다.

제자들도 역시 모두 험악한 순교를 당했다. 만일 제자들도 가룟 유다처럼 예수님을 팔아 돈이나 챙겼더라면 예수쟁이라고 조롱당하고 핍박당하지 않았을 것이다. 이런 무사안일(無事安逸)적인 종교 행위자들은 예수 믿고 부활 소망에 뜻을 둔 것이 아니라 직업적인 종교인이다. 교회 다니면 천국 간다는 자가당착(自家撞着)에 함몰된 어리석은 주술적 종교 행위자들이라 할 수 있다.

여기에도 두 부류가 있는데, 말과 삶이 하나님 말씀과 전혀 다르거나, 하나님 말씀을 부정하고 범죄하는 자들은 침묵, 동조, 공범이 되는 무책임한 주술적 종교인이 되는 것이다. 범죄는 타락한 인간이 죄 가운데 있으며 자기중심의 생활을 함으로 예수님을 반역하는 일임을 보혜사 성령께서 깨닫게 하실 것이다. 죄를 확인시키는 성령의 역사 없이는 결코 그 누구도 자신이 죄인임을 깨달을 수 없다.

# 기도 응답을 받는
# 영적 교제

역사적으로 일회적인 사건인 예수님의 부활은 예수님이 메시아이시라는 강력한 증거이다. 예수님은 오전 9시경에 십자가에 달리셨다 (막 15:25).

제자들은 조금 있으면 예수님이 죽으시기 때문에 그를 보지(눈으로 보다) 못하겠지만, 조금 있으면 부활하시기 때문에 그를 다시 볼 수 있을 것이다(영적인 실재를 보다).

'조금 있으면 보지 못하고, 조금 있으면 볼 수 있다'라는 예수님의 말씀은 제자들에게 큰 혼란을 불러일으켰다. 더욱이 그들은 예수님을 다시 보는 것과 예수님이 아버지께로 가는 것을 연결할 수가 없었다. 그들의 혼란은 아직 주님께서 부활하신 것을 보거나 믿지 못한

데서 비롯되었다. 성령의 도우심이 없이는 예수님의 말씀들을 이해할 수 없다. 예수님께서는 제자들의 마음(요 2:25)과 그들이 자신에게 물어보고 싶어 한다는 것을 아셨다(마 9:4, 12:25; 눅 6:8; 요 2:24 등). 예수님은 이미 그들에게 말씀하셨지만, 그들이 이해하지 못한 것이다.

"너희는 내가 십자가에 달려 죽는 것을 보고 울며 통곡하겠지만 세상은 기뻐할 것이다. 마귀가 지배하고 마귀를 좇는 세상은 자신이 승리한 줄 알고 기뻐할 것이다. 그러나 조금 있으면 이 슬픔은 나의 부활로 말미암아 기쁨으로 바뀔 것이다."

예수님께서는 이 사실을 아이를 낳는 여자에 비유하고 있다. 아이를 낳는 것은 고통과 기쁨을 함께 수반한다. 여자가 아이를 낳을 때는 주님이 십자가에 달리실 때이고, 아이를 낳아 기뻐하는 것은 부활하신 후에 맛볼 기쁨을 말한다. 구약에서도 괴로움에서 해방되는 기쁨을 맛보기 전에 경험하는 짧은 고뇌의 시기를 자주 임산부의 진통에 비유하고 있다(사 21:3, 26:17; 호 13:13; 미 4:9-10 등). 이 비유는 예수님께서 자신의 죽음으로 말미암아 죽음을 이기시고 죽은 자 가운데서 부활하심으로 새 이스라엘을 위해 영생을 확보하실 때 성취되는 참된 구원을 잘 보여준다.

예수님의 부활은 새 하나님 나라의 첫아들이 태어난 것에 비유할 수 있는데(롬 8:29; 골 1:19; 히 1:6), 제자들은 부활하신 예수님을 보았을 때 바로 이러한 기쁨을 맛볼 수 있있다(요 20:20). 베드로는 어린 여종에게 제자로서의 품격과 스승과의 맹세, 정직함을 잠시 빼앗겼지만(마 26:69), 부활을 체험한 후에는 대제사장도 그 마음으로부터 확신과 용기, 기쁨을 빼앗지 못하였다(행 4:8, 20). 부활하신 그리스도를 보고 그 후 성령이 그들에게 주어질 그날이 오면 제자들의 마음속에 있는 모든 의문이 다 풀리게 되므로 더는 질문하거나(요 17:18, 14:5, 8, 21) 의아해할(요 16:17-18) 필요가 없을 것이다.

예수님께서 부활하시기 전 제자들은 예수님을 믿기는 했지만, 그의 이름으로 기도하지는 않았다. 제자들의 영적인 이해력이 부족하고 구하려는 마음 자세가 안 되어 있었을 뿐 아니라 주님의 구속 사역이 완성되지 않았고, 주님의 이름으로 보내실 성령(요 14:26)의 역사도 없었기 때문이다. 예수님이 십자가에서 성취하신 구속 사역 때문에는 아직 '예수님의 이름으로' 기도할 수 없었다. 그러나 이제 예수님께서 부활하여 하나님 곁으로 올라가셔서 중보의 역할을 하시기 때문에 그의 이름으로 구하면 모든 것을 다 응답 받게 되었다(요 15:7, 16).

제자들이 지금까지는 예수님과 함께 있었기 때문에 기도를 드릴 필요가 없었지만, 주님을 떠나보낸 이후에는 모든 것을 기도로 구해야만 했다. 특히 이 말씀은 예수님과 성부의 밀접한 관계를 다시금 확증시켜 주고 있다. 산상보훈에서 "구하라 그리하면 너희에게 주실 것이요"(마 7:7)라고 알려 주셨다. 성령이 오시기 이전에는 예수님께서 그들을 위해 간구하셨지만(요 14:16, 17:9), 성령이 오신 이후에는 예수의 이름으로 제자들 자신이 하나님께 직접 기도드릴 수 있게 되었다. 다만 육신이 연약하여 빌 바를 알지 못하거나 큰 죄에 빠져 있을 때는 성령께서 중보의 기도를 드려 주신다(롬 8:34; 히 7:25; 요일 2:1).

기도 응답을 받는 기쁨은 그리스도와 영적 교제를 하는 자만 느낄 수 있는 최대의 행복이요 특권이다. 기쁨이 영구적으로 변하지 않도록 충만해질 것이다. 응답 받는 기도는 부활이 가져다준 기쁨을 더욱 오래 지속시키고 크게 만족시켜 줄 것이다. 이제 그들은 진리의 성령에게 인도되어 영적인 이해력이 증가되었으므로 예수님께서 가르치신 말씀의 의미를 올바르게 해석할 수 있었다.

## 생명의 법과
## 사망의 법

그리스도 예수 안에 있는 사람들은 부활하신 그리스도와의 인격적인 연합과 교통으로 하나가 된 자들이며(롬 6:11; 빌 2:1), 요한은 이를 '그리스도와의 교제'라고 표현하였다. 예수를 신령과 진정으로 믿는 자들은 심판에 의해 결과적으로 '결코 정죄함이 없다'라는 무죄 판결이 내려진 것이라 할 수 있다(롬 8:1-2).

죄인인 우리가 온갖 노력을 다했음에도 중생하지 못한 상태에서 하나님께 불순종하고 구세주를 거부한 죄에 대해서는 마땅히 정죄를 받아야만 했다. 그러나 일단 믿어 그리스도 안에 있는 자는 그리스도의 구속적인 공로에 힘입어 비록 죄를 지을지라도(롬 7:14-24) 정죄함을 받지 않고 죄를 용서받을 수 있다. 이것은 그리스도를 믿고 그와 연합된 결과이다(롬 6:13; 요 5:24). 그들은 의롭다고 선포되었으므로 하나님의 진노 아래 있지 않고 그의 은혜 안에 있으며(롬 5:2) 영생을 소유하였다(롬 5:17-18, 21).

그리스도는 그를 믿고 그와 연합된 모든 사람들을 위한 안전지대이다. 그렇다고 해서 이를 빌미로 함부로 방탕하게 죄를 지어서는 안 되겠지만, 순간의 실수나 과거의 잘못 때문에 고민하거나 두려워할 필요가 없다. 그 대신 성령의 도우심을 받아 죄와 더불어 싸워 이기려고 노력해야 한다.

그리스도 예수 안에서 생명을 주고 죄를 이길 힘을 주시는 성령으로 말미암아 행사되는 성령의 법은 바로 권능을 부여받은 것이다. 성령 또는 영이 로마서 8장에 자주 나타나는 것은 죄와 죽음으로 말미암아 빚어진 심각한 고뇌와 처절한 실패를 성령 안에서 극복하고 또 그에 대해 승리할 수 있기 때문이다.

율법이 아닌 성령의 법(지배 원리)은 지시하는 하나님의 영이다. 그 본질은 생명이며, 이 생명은 예수님의 생명에서 시작하여 생명을 일으키고 나눠 준다. 그리스도는 생명의 주시요 생명을 주시는 분으로서 장래뿐 아니라 현재의 삶 가운데서도 생명을 주시는 영(고전 15:45)으로 오셨다. '생명의 성령의 법'이라고 하고 '죽음의 죄의 법'이라고 하지 않은 것은, 생명은 그 자체가 성령이지만 죽음은 죄의 결과이기 때문이다.

구약 시대에 제사장은 같은 제사를 반복해서 드렸지만 예수님은 십자가 위에서 단 한 번의 영원한 제사를 드림으로 누구든지 믿는 자는 영원히 죄에서 해방될 수 있게 하셨다. 죄와 죽음의 법은 인간을 포로로 만들었지만, 성령의 법은 인간을 자유롭게 해주었다. 율법 그 자체는 선하고 의롭고 거룩하며(롬 7:12), 인간을 생명으로 인도할 목적으로 주어졌다. 율법은 죄를 지적하고 책망하고 심지어 자극할 수는 있지만, 죄를 제거하거나 인간을 죄로부터 해방시킬 수는 없다. 더욱이 죄악된 본성과 연약성을 지닌 육적인 인간(롬 7:5, 18, 8:4-5)은 죄의 노예가 되어 있기 때문에 그 율법은 본래의 효력을 발휘하지 못했으며, 그뿐 아니라 율법을 온전히 지키지 못한 인간에게 영적인 죽음을 가져다주었다.

그러나 율법이 할 수 없는 것을 율법을 주신 하나님은 하실 수 있다. 그 방법은 자기의 아들을 화목제물로 삼아 죄를 없애는 것이었다. 그리스도의 성육신과 인성을 나타내는 매우 중요한 말씀인 '죄를 없애기 위해'는 '죄에 관해', '죄에 대해', '죄 때문에'이며, 그가 죄에 대해 무엇인가 하기 위해 보내심을 받았음을 나타낸다.

구약에서 자주 나타나는 속죄제 또는 속죄제물에 대하여 레위기는 50회 이상 언급하고 있다. 속죄제물이 되기 위해 죄 있는 육신의 모습으로 이 땅에 오시고 십자가에 달리신 예수님의 몸은, 단순한 육신이 아니라 죄인을 대표하는 인간의 몸이다. 하나님께서는 그리스도를 십자가에 못 박히게 하심으로 모든 인류의 죄를 대신 지신 것에 대해 유죄 판결을 내리시고 대신 처벌하셨다. 이로 말미암아 우리의 모든 죄는 다 없어지고 완전히 해결되었으며, 더는 정죄를 받지 않는다.

건강한 그리스도인에게서는 육신에 속한 것이 쫓겨나게 된다. 우리는 성령의 지시를 따라 행해야지 인간의 충동이나 육신적인 욕구를 따라서는 안 된다. 그리스도 안에 있는 자는 육신을 좇지 않고 자기 안에 머물러 계시는 성령을 좇아 행동한다. 그렇게 행함으로 육신으로는 이룰 수 없는 율법의 모든 의로운 요구가 이루어지는데, 바로 이것이 하나님께서 독생자를 우리에게 보내신 목적이다.

육신을 따라 살면 정죄를 받는다. 육신대로 사는 것은(롬 8:13) 육신의 원리에 따르고 육신을 만족시키려는 목적을 갖고 살아가는 것을 말한다. 그러나 성령을 따라 살아가는 성도들은 날마다 연약한 육신 때문에 끊임없는 고뇌와 갈등 가운데서 살아가지만, 육신을 좇지 않고 성령의 뜻을 좇아 살아간다. 율법의 요구는 '규정', '의로운 행동', '심판' 등의 뜻을 가지고 있다. 사도 바울은 율법을 의로운(정당한) 도구들로 삼는다. 율법이 구원의 수단으로서가 아니라 하나님의 사랑에 순종하게 되는 도덕적, 윤리적 지침의 역할을 한다고 했다.

율법의 의로운 요구가 이루어지려면 죄악 된 본성이 마음대로 하도록 내버려두지 않고 성령께서 지도하시고 능력을 주시는 사역에 순종하고 그것을 따라야 한다. 성령은 종종 '영'이라고 하는데, 영은 죄의 원리나 세력 또는 육신과 대조되는 하나님의 말씀이며 거듭난 자의 영적인 자세를 주관한다.

육신을 따르는 사람은 죄의 노예가 되어 인간의 본능을 따라 살아가기 때문에 현실의 생활 태도를 결정하는 관심과 의욕에 머리와 마음이 쏠려 있다. 인간적인 일이나 물질적 욕망에 마음을 빼앗기는 것이다. 그러나 신자는 성령께서 기뻐하시는 것을 언제나 염두에 두고 하나님의 뜻을 구하여 하나님의 일에 마음을 쏟아야 한다. 육신과 성령에 각기 마음을 두는 사람의 차이는 죽음 그리고 생명과 평안이다.

죽음에는 육적인 죽음과 영적인 죽음이 있다. 어떤 죽음이든 하나님으로부터 떨어져 혼란과 어두움, 절망, 불안에 싸여 있다. 생명은 죽음의 반대이며 영원한 부활의 생명이 되므로 분열이 없는 통일과 조화를 이루는 평안의 마음이다. 하나님과 화평한 자(롬 5:1)의 마음은 그리스도 안에서 기쁨과 생명으로 충만하여 스스로 영혼의 평안을 얻게 되고 이웃과의 평화를 유지하게 된다(롬 2:6-11, 5:1-6).

육신에 마음을 두는 것이 왜 죽음이 되는가?(롬 8:6) ① 거룩하시고 의로우신 하나님의 본질에 대적하여 하나님께서 예비하신 구원을 거부하는 것이기 때문이다(롬 8:7). ② 인간은 하나님의 법을 성취하는 것이 전적으로 불가능하고 부패했기 때문에 아무리 노력해도 순종하거나 지킬 수 없어 의도적으로 하나님의 의로운 법을 거부하기 때문이다(롬 8:7). ③ 죄의 지배 원리 아래 태어나(롬 7:23) 인간의 본능에 묻혀 육신의 포로가 되어 제멋대로 살기 때문이다(롬 8:8). 이런 자들은 영적인 생명과 능력이 없는 텅 빈 삶을 살아가며 결코 하나님을 기쁘시게 해드릴 수 없다. 육신에 복종하는 자는 믿는다고 해도 구원받지 못한 자들과 같이 행동한다(고전 3:3).

# 죄와 사망에 대한 세밀한 확증

사도 바울은 하나님의 사랑이라는 말에 이끌려 갑자기 이에 대해 설명하기 시작한다. ① '연약하다'는 것은 육체에 대해 쓰는 표현이지만 사도 바울은 영적·윤리적인 의미로 사용하고 있다. 다메섹 사건을 통해 그리스도를 만나기 이전 자연인인 상태로 구원의 소망이나 그 길을 찾을 만한 아무런 힘도 없었음을 의미한다. 이를 '죄인 되었을 때'(롬 5:8), '원수 되었을 때'(롬 5:10)로 표현한다. ② 정해진 때가 있다고 한다. '때를 따라', '정해진 시기에', '적절한 때에' 등으로 예수 그리스도의 탄생과 죽으심이 하나님의 뜻과 계획에 의한 것이라고 말한다(갈 4:4; 고후 6:2). 하나님께서는 막연한 시기가 아니라 만세 전부터 예정하신 계획에 따라 적절한 때에 인류 구속의 큰일을 행하셨다는 것이다. ③ '경건치 않은 자'는 하나님 없이 사는 죄인을 말하며, 혐오스러울 정도로 경건치 못한 자이다. 예수님께서는 경건치 않은 자들을 위해서도 대신 죽으셨다. ④ 하나님의 율법은 합당하고 정의의 차원에 있는 계명이며, 선한 사람은 인정이 많은 사람으로서 다른 사람에게 사랑과 덕(德)을 베푸는 사람이다. 타인을 위해 죽는다는 것은 매우 어려운 일이다. 더욱이 죄인을 위해 목숨을 버린다는 것은 결코 있을 수 없다. 아담과 하와의 범죄로 말미암아 전적으로 타락하고 부패한 죄인들을 위해, 그들이 '아직 죄인이었을 때에' 예수님께서 죽으셨다는 것도 도저히 상상조차 할 수 없는 참된 사랑이다(요 3:1; 요일 4:9). 하나님의 사랑은 그리스도의 십자가 죽음에서 현실적으로 분명히 실증(實證, 확실한 증거)되고 있다.

그리스도의 사역은 과거의 일회적 사건으로 끝났지만 하나님의 사랑은 지금까지 계속적으로 부어지고 있음을 나타낸다. 그리스도의 십자가에서 드러난 하나님의 절대적 사랑은 우리가 경건치 않을 때에 의롭다 함을 받았다는 현재의 확신임과 동시에 장차 하나님의 진노에서 구원받게 되기를 바라는 미래의 소망이기도 하다.

하나님에 대해 적개심을 갖거나 하나님을 거부하는 사람에게 '하나님과 원수 되었을 때에'라고 하는 것은 '죄인'으로 쓰는 것보다 어감이 더 적극적이다. 그래서 하나님께서는 서로 갈라졌던 부부가 화해하는 것처럼(고전 7:1), 지금까지 하나님과 뜻이 맞지 않아 밀리 헤어져 있었던 우리가 하나님의 사랑과 그리스도의 구속에 의해 하나님과 화해하게 되었음을 말씀하신다. 그분의 생명은 그리스도의 부활의 생명과 권능을 가리키며, 이로 말미암아 우리는 날마다 죄에서 구원받고 장차 하나님의 진노에서 해방될 것이다.

예수 그리스도를 통하여 화해가 이루어진 것을 기뻐하는 이유는 ① 하나님의 영광에 참여하게 될 소망이 있기 때문이고(롬 5:2), ② 환난이 인내와 연단된 인격과 소망을 가져다주기 때문이며(롬 5:3), ③ 그리스도를 통해 하나님과 화해가 이루어졌기 때문이다(롬 5:11). 우리가 장래에 구원을 얻을 뿐 아니라 현재도 하나님과 화해를 이루어 평화를 누리면서 살 수 있는 것은 실로 큰 기쁨이 아닐 수 없다.

아담은 세상에 죄와 죽음을 들여왔지만 그리스도는 의와 생명을 가져다주었으며, 아담은 인류의 정죄(定罪)를 대표하지만(롬 1:18-3:20) 그리스도는 성도의 칭의를 대표한다(롬 3:21-5:11). '한 사람'은 인류의 조상 아담으로 성경에서 27번이나 언급되고 하와는 아담 속에 포함되고 있다. 아담과 하와로 인해 죄가 세상에 침입함으로써 하나님께서 지으신 피조물이 오염되고 죄의 세력이 세상을 지배하게 되었음을 창세기 3장에서 자세하게 볼 수 있다.

지금까지의 범법과 악행으로서의 죄(표적을 빗나감)라는 것에 새로운 개념이 도입된 것이다. 이 죄는 하나님의 뜻을 거스르는 반역의 원리이며, 단순한 행위가 아닌 살아 있는 적대적인 죽음의 힘이다.

아담은 하나님께서 선과 악을 알게 하는 나무의 열매는 먹지 말라고 하신 명령("네가 먹는 날에는 반드시 죽으리라 하시니라", 창 2:17)을 어김으로 죽음이 세상에 들어오게 하였다. 그에게는 생명 나무를 따 먹고 영생할 수 있는 기회도 주어져 있었다("동산 각종 나무의 열매는 네가 임의로 먹되", 창 2:16). 따라서 죽음에 이르게 된 것은 본래의 모습이 아니라 죄의 결과로 침입한 것이며(창 2:17, 3:19; 롬 3:19; 약 1:15), 지금도 인간을 지배하고 있다.

성경에서는 죽음을 다음과 같이 이야기한다. ① 육체적 죽음: 영과 육이 분리됨으로 발생한다(고후 5:8). ② 도덕적·영적 죽음: 불순종으로 말미암는다(롬 7:9). 그리고 최후의 결과로서 하나님과 자아의 분리와 단절이 일어난다(엡 2:1; 골 2:13 등). ③ 영원한 죽음: 둘째 사망이며 영혼이 지옥에 던져지는 것이다(마 10:28 등). 이 죽음들은 서로 모두 연관되어 있다.

모든 사람이 죄를 지었다는 것은 무슨 말일까? ① 모든 사람은 아담 안에서 죄를 지었다는 것이다. ② 모든 사람이 사망 안에서 죄를 지었다는 것이다. ③ 한 사람 한 사람의 죄를 인정하면서도(롬 3:23, 6:20-23) 모든 사람들의 죄의 보편성을 강조하는 것이다. 원죄론에서는 강력한 죄가 세상에 들어온 것에 대하여, 죄는 홍수나 전염병처럼 아담에게로 쳐들어왔고, 그 결과 깨끗하고 건강한 몸을 오염시키고 병들게 해서 죽음에 이르게 하였다고 말한다.

율법이 주어졌기 때문에 죄가 존재하게 되었다고 보는 견해가 있지만, 죄가 율법에 의해 인식될 수는 있지만 그 시점에 인류에게 들어온 것은 아니다. 이미 율법 이전 아담이 범죄했을 때부터 죄는 전 인류에게 들어와서 폭군처럼 지배하기 시작했다. 아담의 범죄 이후 모세 율법 이전에도 각 나라마다 원시적이고 유치한 자신들의 법들이 있었다(Ur-Nammu 법, Hammurabi 법, Eshnunna 법 등). 그들은 불문율과 도덕적 관습, 양심 등을 가지고 사회질서를 유지해 나갔다.

율법이 있기 전에는 죄를 윤리나 도덕적인 것으로 생각했고, 하나님을 믿지 않거나 반역하는 것이 죄라는 것을 깨닫지 못하였다. 말하자면 율법이 주어지기 전에는 사람들이 계명을 어긴다는 점에서 책임을 지거나 정죄함을 받지 않았기에 하나님 앞에서 죄의식이 결여되어 더욱 많은 범죄 행위를 하였다. 그러다 율법이 선포되었을 때 인류는 비로소 죄의 현실을 올바르게 인식할 수 있게 되었다.

죄와 죽음은 모세 이전에도 존재하여 전 인류를 지배하고 있었다. 죄를 깨달음으로써 죄가 존재하게 된 것이 아님은 죽음이 그때까지 전 인류를 지배해 왔다는 사실에 비추어 볼 때 분명하다. 죄와 죽음은 아담과 같은 방식으로 구체적인 죄과를 범하지 않은 사람들에게도 영향력을 행사하였다. 마치 폭군과 같이 군림하여 왕권을 잡아 지배하였다.

# 보장받은
# 안전한 생명

"내가 너를 이끌어 내 어머니 집에 들이고 네게서 교훈을 받았으리라 나는 향기로운 술 곧 석류즙으로 네게 마시게 하겠고"(아 8:2).

솔로몬의 고백에서 보이는 교훈은 가르치고 이끌며 깨우치는 것이다. 이스라엘 백성은 하나님을 교훈의 근원으로 생각하였다(잠 1:30, 2:6; 신 32:2). 그래서 하나님의 말씀인 율법은 교훈을 의미했다(신 4:14; 롬 2:18). 성경은 성도의 교훈을 위해 기록되었다(롬 15:4; 딤후 3:16). 그러므로 성도는 성경의 바른 교훈(딛 2:1)을 따라 말하며, 교훈에 따라 양육받아야 하고(딤전 4:6), 아울러 세상의 잘못된 교훈의 풍조에 요동치 말아야 하며(엡 4:14; 히 13:9 참고), 그리스도의 교훈(요이 1:9) 안에 거해야 한다.

솔로몬은 왜 '석류즙'이라 표현했을까? 석류는 씨가 많아서 고대로부터 풍성한 결실을 상징하였으며, 신부의 아름다운 뺨(아 6:7)이나 처녀의 몸(아 4:3)을 묘사하는 데 사용되었다.

"너는 왼팔로는 내 머리를 고이고 오른손으로는 나를 안았으리라"(아 8:3).

성경에서 오른손은 총애와 능력과 축복과 위엄과 명예의 자리요 위치이다. 이에 오른손은 축복이 전달되는 매체로 이해되었다(창 48:14; 출 29:20; 욥 40:14; 시 45:4). '하나님의 오른손'은 그의 전능하신 힘에 대한 비유로 사용되었다. 하나님의 오른손이 창조의 능력이나 백성을 구원하는 권능을 상징하기 때문에(출 15:6-12; 시 17:7, 139:10) 사람들도 안수할 때 특별히 오른손으로 한다. 오른손은 특별한 능력, 위엄과 영광, 최고의 지위를 의미한다(욥 40:14).

"예루살렘 딸들아 내가 너희에게 부탁한다 내 사랑하는 자가 원하기 전에는 흔들지 말며 깨우지 말지니라"(아 8:4).

영적으로는 천국인 예루살렘은 하나님의 선택과 임재, 보호 그리고 영광의 장소인 동시에 이스라엘 백성의 하나님께 대한 불성실과 불순종의 장소이기도 했다. 예루살렘은 지리적으로 가장 안전한 곳으로 예수님의 주요 활동지 가운데 하나였으며, 무엇보다 십자가의 죽으심과 부활이 있었던 곳이기도 하다.

여기에서 사랑을 말한 솔로몬이 술람미 여인을 아끼고 위하고 한없이 베푸는 이타적인 마음이나 행위의 호의적인 관심은 아내를 향한 남편의 마음, 아들을 향한 아버지의 마음, 젖 먹는 아이를 향한 어머니의 마음을 통해 설명되고 있지만(시 103:13; 사 49:15; 호 2장), 하나님의 사랑은 이보다 더 깊고 확고하며 인간의 불순종에도 변함이 없다.

'마음'은 인간 내면 세계의 중심지이며 윤리적인 의미로 인간의 가장 내부에 있는 지식, 감정, 지적 능력이나 육체적인 능력의 원천인데, 솔로몬은 술람미 여인을 도장같이 마음에 품고 팔에 둔다고 했다. 질투를 불길에까지 비유한다. 이처럼 열정적이고도 강력하며, 죽음처럼 불가항력적이고 무덤만큼 배타적인 불 같은 사랑은 많은 물과 강물처럼 정복될 수 없다. 이 사랑은 우리를 사랑하신 그분의 사랑, 성육신과 고난 가운데 나타난 그리스도의 사랑을 나타낸다.

주님은 십자가에서 압도적으로 세상을 이기셨고, 계속해서 그 영광의 승리로 인해 박해와 고난 중에서도 믿는 성도가 큰 승리를 거둔다. 이러한 승리는 그들 자신의 힘이 아닌 그리스도의 무한하신 능력의 도움 때문이며, 결국 우리는 그리스도께서 성취해 놓으신 완전하고도 결정적인 승리(요 16:33)에 참여하게 될 것이다.

결론적으로 이 확신을 하나님께 감사와 찬미로 표현했다. ① 존재적인 사항들로 죽음이나 생명이 인간 생활의 전체이며 인간을 지배하고 있는 거대한 원리와 힘임을 나타낸다. 믿는 자들은 죽든지 살든지 하나님 앞에 있다(고후 5:8-9). 죽음은 인간의 최대 적이며(고전 15:26), 일생 동안 죽음에 종 노릇 했지만(히 2:15), 믿음으로 극복하고 죽음과 생명이 모두 믿는 자의 것이 되었다(고전 3:22). ② 천사들이나 권세자들은 영적 세계의 사항들로 전자는 선한 천사(엡 1:21; 골 1:16), 후자는 악한 천사(엡 6:12; 골 2:16)를 가리킨다. 천사들은 높은 영적 세계를 차지하며, 하나님과 그의 구속받은 자들의 관계를 방해하지 않을 것이고 악한 천사(마귀)는 방해할 수 없을 것이다. ③ 시간적인 사항들로 현재 일이나 장래 일은 시간적으로 모든 때를 가리키며, 현재 일은 이 땅에 사는 동안 당하는 각종 환난과 죽음 등을 포함한다. 장래 일은 지금 알려지지 않았지만 앞으로 다가올 수 있는 역경 등을 의미한다. ④ 영적인 세력의 사항들은 초자연적인 능력(폭풍이나 지진 등)을 소유한 영적 존재들인 마귀(엡 1:21, 6:12; 벧전 23:32) 또는 인간 권세자들을 나타내고 있다. ⑤ 공간적인 사항들로 높음이나 깊음을 이야기한다. 높음은 높은 천상을 지배하고 있는 세력, 깊음은 깊은 음부를 지배하는 세력을 의미한다. 그러나 그런 것들도 위에서 갑자기 덮치거나 위로 올려붙여 믿는 자들을 하나님의 사랑에서 떼어놓을 수 없다. ⑥ 피조물 세계의 사항들로 '다른 어떤 피조물들'은 앞에서 언급된 아홉 가지 사항 곧 하나님의 손으로 창조된 모든 피조물 외에 알려지지 않은 모든 것을 가리킨다. 바울은 외부의 어떤 힘이나 존재, 피조물도 그리스도 안에 있는 믿는 자들을 향한 하나님의 의도를 훼방할 수 없고, 하나님과 그 자녀들 사이에 존재하고 있는 이 사랑의 끈을 끊을 수 없음을 강조하고 있다.

그리스도 안에 있는 하나님의 절대적인 사랑만이 우리의 소망일 뿐 아니라 승리의 기초이며, 불가항력적인 은혜의 근원이다. 하나님을 의지하고 순종하는 자녀는 그리스도 안에서 절대적으로 안전하다. 이것은 성도의 구원을 확신하는 수사법(收司法)이다.

# 인간을 훈련시키는 고난

사람은 하나님의 형상과 모양대로 만들어진 피조물로(창 1:26) 다른 피조물을 다스리라는 명령을 받은 존재이다(창 1:28). '인간의 내적 존재', '살아 있는 존재', '인간 그 자체', '욕망과 감정의 좌소', '움직이는 공기, 숨, 호흡을 가진 육체'를 가리킬 때는 연약한 인간을 의미한다(시 73:26; 렘 17:5).

성경은 사람이 육체적인 면과 비육체적인 면을 모두 가지고 있다는 사실을 인정하지만, 이 둘을 독립적으로 다루지 않고 전체로서의 한 인격체로 보고 있다. 즉, 사람은 이 두 측면으로 창조되어 존재하는(창 2:7) 하나의 인성이다. 피조된 인격체로서의 사람은 하나님의 전적인 다스림 아래 있는 "하늘과 하늘들의 하늘과 일월 성신과 땅과 땅 위의 만물과 바다와 그 가운데 모든 것"(느 9:6)이라는 표현처럼 '피조물'에 불과하다(창 1:1, 27; 행 17:25, 28 참고). 그러나 동시에 어떤 일에 대해 결단하고, 목적을 세우고 그것을 위해 선택하고 그 목적을 향해 나아갈 수 있는 의지를 가진 독립된 '인격체'이기도 하다.

사람은 절대적으로 하나님께 의존해 있으면서도 상대적 독립성도 가지고 있다. 피조물로서의 사람은 토기장이에 의해 빚어지는 진흙과 같지만(롬 9:21), 인격체로서의 사람은 자신의 결단을 통해 삶을 설계해 나가는 존재이다(갈 6:7-8). 하나님의 직접적인 창조 행위에 의해 지음을 받은 존재의 정체성은 하나님의 형상으로 지음을 받았다는 것이다. 그리고 피조물 가운데 천사와 동물 사이에 위치하며, 각 사람은 영원한 것에 대한 동경 및 자의식을 가지고 있다. 몸, 혼, 영, 지성, 도덕적 의지 등 여러 요소로 구성되어 있지만, 성경은 각각을 독립된 것으로 말하지 않고 전체를 한 인격체 곧 전인(全人)으로 말하고 있다. 이에 하나님과의 관계 속에서 자기 자신과 이웃, 나아가 자연과 바른 관계를 가질 수 있는 역량이 있다.

그럼에도 인간의 본성에 대한 전형적인 설명은 죄로 인하여 부패했다는 것이다. 도덕적이고 윤리적인 문제들을 알고 있으며, 그것들을 선택할 수 있는 책임성 있는 존재들이다. 육신적으로는 혼이 죄에 귀속되어 있지만 인간을 창조하신 하나님의 영에 귀속되면 본래의 모습인 하나님의 형상대로 원상 회복된다. 이것은 예수 그리스도의 죽으심과 부활로 말미암는다.

사람은 하나님의 영광을 위해 창조되었으며, 영원히 그분을 기뻐하는 것이 삶의 목적이다.

> "사랑은 여기 있으니 우리가 하나님을 사랑한 것이 아니요 하나님이 우리를 사랑하사 우리 죄를 속하기 위하여 화목제물로 그 아들을 보내셨음이라 사랑하는 자들아 하나님이 이같이 우리를 사랑하셨은즉 우리도 서로 사랑하는 것이 마땅하도다 어느 때나 하나님을 본 사람이 없으되 만일 우리가 서로 사랑하면 하나님이 우리 안에 거하시고 그의 사랑이 우리 안에 온전히 이루어지느니라"(요일 4:10-12).

피조물인 인간은 연약하므로 끊임없이 그 무엇을 갈망한다. 그래서 보호받는 것과 정신적 교육이 필요하다. 아담과 하와가 하늘의 악한 천사들이 가지고 있는 죄를 세상에 들어오게 했다. 그로 말미암아 사람은 죄 아래에서 굴복하며 살기 때문에 죄에서 벗어날 수 없다. 이를 긍휼히 여기신 창조주 하나님께서 독생자(獨生子, 예수 그리스도, 요 1:14, 18)를 보내시어 하나님과의 관계가 다른 자녀들(요 1:12)과는 비교할 수 없는 독특한 관계임을(시 2:7) 보여주고 있다. 따라서 인간은 창조주 하나님과의 계속적인 유대관계(有待關係)를 위해 늘

깨어 기도해야 한다. 그래야 성령의 임재하심으로 육체의 혼이 죄의 올무에 빠지지 않는다.

욥은 아라비아 우스에 사는 의인으로 큰 재산가요 자녀가 많은 중에도 여호와를 경외하였다(욥 1:1). 여호와가 사탄에게 욥을 칭찬하셨더니, 사탄은 그가 재산이 많고 자녀가 많아 행복한 생활 중에 있기 때문에 하나님을 거역할 이유가 없다고 대답했다. 여호와가 사탄에게 욥의 생명은 해하지 말고 무엇이든 시험해 보라 하여, 욥은 재산과 자녀를 다 잃고 자신의 몸에는 창질이 나고 세 친구로부터 여러 가지 유혹을 받았다. 그러나 하나님을 경외하는 마음에는 변함이 없었다(욥 1:8-22, 4:1, 8:1, 11:1, 7:4-16, 42:6). 욥은 끝까지 모든 인간의 생사화복(生死禍福)은 창조주 하나님 아버지께 있다고 주장하며 긍휼을 간구하였다.

하나님의 아들 예수 그리스도로 말미암아 그를 믿고 '내가 너희를 사랑한 것같이 너희도 서로 사랑하라'(요 15:9-12)라는 새 계명에 순종하는 믿음의 삶이 되면 부활 소망을 이루는 영생 복락의 면류관 받게 된다. 죄악 된 세상에 살려면 하나님을 믿으며 욥과 같이 끈질긴 인내를 가질 필요가 있다.

인생을 살아가며 크고 작은 고난은 누구나 경험한다. 성경은 고난의 원인으로 인간의 죄(창 3:16-19), 타락(시 119:67), 강퍅한 마음(출 5-12장), 우상숭배(삿 10:6-10), 하나님을 잊어버린 것(삼상 12:9-10)을 밝쏨한다. 하나님께서는 고난을 통해 잘못들을 고치시며(시 119:67), 신앙과 순종을 시험하신다(창 22:1-2; 벧전 1:7). 또한 기도하게 하고(삿 4:3; 시 107:4-6; 호 5:14-15), 죄를 깨닫게(눅 15:16-18) 하신다. 하나님께 돌아오도록 하기 위해(레 26:21-39; 대하 6:24-31; 렘 31:18-19), 하나님의 영광을 나타내기 위해(요 9:1-3) 고난을 주시기도 한다. 또한 겸손하게 하고(대하 7:13-14; 고후 12:7) 인내하게 하며(롬 5:3; 벧전 2:20) 상급을 주시기 위해서(고후 4:8-15; 딤후 2:12) 고난을 허락하실 때도 있다.

우리는 고난당할 때 인내하며(딤후 4:5) 동요하지 말아야 한다(살전 3:3). 하나님께서는 우리를 고난으로부터 구원하신다고 약속하셨으며(시 34:19), 바울도 결코 고난이 우리를 하나님으로부터 끊을 수 없다고 했다(롬 8:35-39). 우리가 당하는 고난은 잠깐이며(고후 4:17) 예수님이 재림하실 때 끝난다(살후 1:4-10). 하나님의 약속을 믿는 것은 마음이 내킬 때 작동하는 감동적(感動的)인 것이기보다는 수동적(受動的)인 수직적 순종이어야 한다.

# 사랑의 본질이
# 무엇인지

　요즘 세상이 너무 인색하고 강퍅하다 보니 분위기가 험악해져 간다. 윤리와 도덕적인 타락은 물론 험악한 언어폭력도 심해져 간다. 한마디로 금수(禽獸)처럼 자신들의 동족은 물론 심지어 혈족까지도 잡아먹는 비인간적인 악행들이 성행하고 있다. 가끔 '동물의 왕국'이라는 프로그램을 보노라면 오직 먹기 위하여 물불을 가리지 않는 혈투(血鬪)의 현장들을 목격한다. 선거철만 되면 소위 권세를 가진 자들이 거짓 선동으로 추악한 막말을 하는 것만 보고 들어도 세상이 혼탁해짐을 느낄 수 있다.

　성경에서 직위상 가르치는 교사들(행 13:1; 엡 4:11; 딤후 1:11)에게 선생이 되지 말라고 한 이유가 있다. 예수님의 형제 야고보는 조대교회에서 일어나는 선생의 증가 현상에 대해 우려하면서 선생 된 이는 더 큰 심판을 받을 줄 알고 '많이 선생이 되지 말라'(약 3:1)고 했다. 교회에서 가르치는 선생들은 가르칠 의무와 함께 가르친 것을 지켜야 할 의무가 있다(마 5:19, 7:21, 28:20). 선생들이 더 큰 심판을 받는(약 3:1) 이유는 불완전한 사람이 완전치 못한 혀를 사용해서 일하기 때문에 실수하기가 쉽고 그 영향이 타인에게 미치기 때문이다. 또한 '서로 사랑하라'라고 가르치는 선생 자신의 삶에는 사랑이 없기 때문이다.

> "너희가 나를 선생이라 또는 주라 하니 너희 말이 옳도다 내가 그러하다 내가 주와 또는 선생이 되어 너희 발을 씻었으니 너희도 서로 발을 씻어 주는 것이 옳으니라 내가 너희에게 행한 것같이 너희도 행하게 하려 하여 본을 보였노라"(요 13:13-15).

당시 발을 씻어 주는 것은 낮고 천한 종이나 노예들이 주인이나 높은 사람들에게 하는 일이었다. 그런데 하나님의 아들이자 심판주 되시는 예수님이 제자들의 발을 씻어 주는 모범을 보이시며 "새 계명을 너희에게 주노니 서로 사랑하라 내가 너희를 사랑한 것 같이 너희도 서로 사랑하라"(요 13:34)라고 명령하여 가르치셨다. 선생은 말로만 가르치지 말고 그것을 실천할 수 있도록 그 방법을 직접 실천하면서 가르쳐야 한다.

교회 다니며 예수 믿는 사람들은 사랑 타령을 많이 한다. 그러나 '너희는 서로 사랑하라'라고 가르치고 훈계는 하지만 그 자신은 하지 않는다. 교회를 다니기는 해도 예수는 믿지 않는 것을 자인(自認)하는 것이다. 교회 다니는 사람은 '우리 서로 사랑하자'라고 해야 한다. 사랑을 실천하는 데에는 가르치는 자나 배우는 자가 하나님의 계명 앞에 똑같은 위치에 있다. 사랑은 다른 사람의 명령에 의해 행해지는 것이 아니라 성령의 감동을 받아 마음속에서 우러나오는 진심에 의해 행해져야 한다. 따라서 현재 진행형으로 끝나는 사랑이 아니라 계속적으로 지켜야 하는 사랑이어야 하며, 사랑하는 것은 하나님의 요구임을 알아야 한다.

예수님께서는 자신의 모든 교훈을 "서로 사랑하라"라는 말로 요약하셨다. 우리가 사랑해야 하는 것은 사랑은 하나님에게서 나왔기 때문이다. 하나님은 본질상 사랑이시고(요일 4:8), 모든 사랑의 원천으로서 그 사랑을 먼저 그리스도를 통해 보여주셨으며, 그리스도인은 하나님께로부터 진실한 사랑, 자기희생의 사랑을 얻게 된다. 사랑하는 자(사랑을 계속하는 자)는 누구든지(사랑하는 것은 그리스도인 개개인에게 해당되는 것임을 강조함) 하나님에게서 났으며(하나님에게서 태어나 그의 자녀가 되었다, 요일 2:29, 3:9, 5:1 등) 하나님을 안다(하나님을 지식적으로 아는 것이 아니라 사귐을 통해 아는 것을 의미한다). 사랑은 하나님에게서 난 것이므로 사랑하는 자는 하나님에게서 난 것이며, 하나님에게서 난 자는 하나님을 알게 되는 것이다. 또한 하나님을 사랑하는 자는 하나님의 계명을 지키고(요 14:21, 24) 하나님의 계명을 지키는 자는 곧 하나님을 아는 자이다.

사랑하지 않는 사람은 하나님을 알지 못하는 것이다(요일 4:8). 아무리 하나님을 잘 안다고 해도 형제를 사랑하지 않으면 그 사람은 거짓말하는 것이며 결코 하나님을 알지 못하는 것이다. 하나님은 사랑이시기 때문이다. 사랑에 관사가 없는 것은 사랑이 단지 하나님의 특성 중 하나일 뿐 아니라 하나님의 본성과 본질 그 자체임을 나타낸다. '하나님은 빛이시다'(요일 1:5), '영이시다'(요 4:24)라고 표현하는 것은 하나님이 사랑이시기 때문이다.

하나님은 사랑이시지만 사랑이 하나님은 아니다. 하나님께서 사랑하시는 것은 그 대상이 사랑할 만한 가치가 있어서가 아니라 하나님 자신이 사랑이시기 때문이다. 하나님은 본질상 사랑이시기 때문에 하나님을 아는 사람은 하나님을 사랑할 수밖에 없다. 하나님의 사랑은 소유하려는 비도덕적인 욕망이 아니라 자기를 전적으로 희생하고 모든 것을 아낌없이 나눠 주는 것이다.

사도 요한은 하나님은 사랑이시라고 선포한 다음 그 증거로서 자기의 독생자를 세상에 보내신 것을 언급하고 있다(요일 4:9).

이 사랑은 인간의 사랑에 대한 보답이 아니고 오직 하나님 편에서 주도권을 가지신 사랑이었다(요일 4:10). 하나님께서 독생자를 주신 것은 최고의 선물을 주신 것이고, 그 일로 말미암아 최고의 자기희생이라는 하나님의 사랑을 보이셨다(요 3:16; 고후 9:15). 하나님께서 자신의 본체이신 예수 그리스도를 범죄한 인류를 구원하시려고 세상에 보내신 것은 사랑의 극치이다. 그 목적은 그리스도를 통해 우리를 살리시기 위함이다(요일 4:9). 참되고 영원한 생명을 주어(요일 3:14; 요 3:16) 그와 함께 영원히 축복 가운데서 살 수 있게 해주셨다.

그리고 우리 죄를 용서하기 위해(요일 4:10) 행동으로 옮긴 사랑이며 자기희생의 사랑이다. 죄인인 인간은 하나님을 사랑하지도 못하고, 사랑할 수도 없었다. 원래 죄인은 하나님의 분노의 대상이었다. 그러나 하나님의 사랑이 스스로 화목제물을 준비하게 하고 그 분노를 제거하게 하였다. 따라서 우리도 서로 사랑해야 한다(요일 4:11). 하나님은 우리를 사랑하시어 자신의 독생자 예수 그리스도를 화목제물로 보내셨으며, 십자가에 달려 죽게 하시사 인간과 하나님 사이를 화해시키고 가로막힌 인간의 죄를 속량하셨다. 따라서 우리도 서로 사랑해야 한다(요일 4:11).

"너희가 서로 사랑하면 이로써 모든 사람이 너희가 내 제자인 줄 알리라"(요 13:35).

# 성경에 나오는 짐승들

성경에는 다양하고 특이한 생명체들이 등장하는데, 그중 일부는 꽤 무서워 보인다. 어떤 괴물들은 익숙할지 모르지만, 어떤 괴물들은 우리가 상상하는 것과 다르다. 케루빔이 귀엽고 통통한 아기 천사라고 생각한다면 다시 생각해 보자. 그리고 요한계시록의 첫 번째 짐승이 무섭다고 생각한다면, 다른 짐승들을 확인해 보자.

요한계시록에는 많은 괴물 중에서 가장 무서운 존재 중 하나로 알려진 첫 번째 짐승이 일곱 개의 머리와 열 개의 뿔 그리고 다양한 동물의 신체 부위를 가진 것으로 묘사되어 있다. 요한계시록 13장 1-2절에는 이 무시무시한 짐승에 대한 상세한 묘사가 나와 있다.

"내가 보니 바다에서 한 짐승이 나오는데 뿔이 열이요 머리가 일곱이라 그 뿔에는 열 왕관이 있고 그 머리들에는 신성모독 하는 이름들이 있더라 내가 본 짐승은 표범과 비슷하고 그 발은 곰의 발 같고 그 입은 사자의 입 같은데 용이 자기의 능력과 보좌와 큰 권세를 그에게 주었더라."

요한계시록 13장 11절에서 사도 요한은 그때 땅에서 또 다른 짐승이 올라오는 것을 보았다고 한다. 그것은 양처럼 뿔이 두 개 있고 용처럼 말하였다. 그리고 이 짐승은 사람들이 보는 앞에서 불이 하늘로부터 땅에 내려오게 했다. 또한 모든 사람들에게 짐승의 표를 받게 하였다. 요한계시록은 이렇게 말한다.

"그가 모든 자 곧 작은 자나 큰 자나 부자나 가난한 자나 자유인이나 종들에게 그 오른손에나 이마에 표를 받게 하고 누구든지 이 표를 가진 자 외에는 매매를 못 하게 하니 이 표는 곧 짐승의 이름이나 그 이름의 수라"(13:16-17).

출애굽기에는 이집트에서 메뚜기의 역병이 나타났다는 기록이 있다. 그들은 땅을 온통 검게 뒤덮었고, 우박이 떨어진 뒤에 남은 모든 것을 먹어 치웠다. 들에서 자라는 모는 것과 나무 위의 열매도 먹어 치웠다. 이집트 온 땅의 나무나 식물에는 녹색이 하나도 남아 있지 않았다. 하지만 요한계시록에 나오는 메뚜기들은 훨씬 더 무섭다. 그들의 얼굴은 사람의 얼굴을 닮았다. 그들의 머리카락은 여자의 머리카락 같았고, 그들의 이빨은 사자의 이빨 같았다. 게다가 그들은 전갈과 같은 침을 가지고 있었지만 죽이는 것이 허용되지는 않았다. 대신에 5개월 동안 사람들을 고문했다.

성경에서 거인을 언급할 때 다윗과 골리앗의 이야기가 가장 먼저 떠오르는 경우가 많지만, 성경에서 언급되는 거인은 골리앗뿐이 아니다. 아모리 사람들도 수없이 언급된다. 아모스 선지자는 "내가 아모리 사람을 그들 앞에서 멸하였나니 그 키는 백향목 높이와 같고 강하기는 상수리나무 같으나 내가 그 위의 열매와 그 아래의 뿌리를 진멸하였느니라"(암 2:9)라고 했다.

또한 구약성경에 등장하는 리워야단이라는 이 혼돈의 짐승은 하나님이 창조하신 괴물 바다뱀이었다. 요한계시록에도 바다괴물에 대한 언급이 있지만 리워야단과 연관성이 있는지는 확실하지 않다. 그러나 이사야에 따르면 하나님은 하나님의 능력으로 그것을 없앴다.

"그날에 여호와께서 그의 견고하고 크고 강한 칼로 날랜 뱀 리워야단 곧 꼬불꼬불한 뱀 리워야단을 벌하시며 바다에 있는 용을 죽이시리라"(사 27:1).

베헤못도 리워야단과 비슷하게 초기에 하나님에 의해 창조되었다. 리워야단이 바다를 다스리는 동안 베헤못은 이 땅을 떠돌았다. 욥기(40:15-24)는 이 짐승에 대해 꽤 자세히 설명하고 있다. '베헤못을 보아라. 내가 너희에게 준 대로 그것은 소처럼 풀을 먹고, 허리에 힘이 있고, 배 근육에 힘이 있다. 꼬리 치는 것은 백향목처럼 뻣뻣하고, 그의 허벅지의 힘줄은 서로 엮여 있으며, 그의 뼈는 놋관 같고, 그의 뼈대는 쇠막대기와 같다.'

다니엘서를 쓴 예언자 다니엘은 바다에서 네 마리의 짐승이 나오는 기이한 환상을 보았다. 그리고 이것은 다니엘서(7:1-28)에 묘사되어 있다. 바다에서 네 마리의 서로 다른 큰 짐승이 나왔다.

첫 번째는 사자와 같았고 독수리의 날개를 가지고 있었다. 다니엘이 보니 그 날개가 뽑히고, 땅에서 들어 올려져 사람처럼 두 발로 서게 되어, 사람의 마음이 거기에 쏠려 있었다(단 7:4).

그리고 또 다른 짐승, 곰과 같은 두 번째 짐승이 나왔다. 그 짐승이 입에 갈비뼈 세 개를 물고 있었는데 그것에게 말하는 자들이 이렇게 말했다. "일어나서 많은 고기를 먹으라"(단 7:5).

> "그 후에 내가 또 본즉 다른 짐승 곧 표범과 같은 것이 있는데 그 등에는 새의 날개 넷이 있고 그 짐승에게 또 머리 넷이 있으며 권세를 받았더라 내가 밤 환상 가운데에 그다음에 본 넷째 짐승은

무섭고 놀라우며 또 매우 강하며 또 쇠로 된 큰 이가 있어서 먹고 부서뜨리고 그 나머지를 발로 밟았으며 이 짐승은 전의 모든 짐승과 다르고 또 열 뿔이 있더라 내가 그 뿔을 유심히 보는 중에 다른 작은 뿔이 그 사이에서 나더니 첫 번째 뿔 중의 셋이 그 앞에서 뿌리까지 뽑혔으며 이 작은 뿔에는 사람의 눈 같은 눈들이 있고 또 입이 있어 큰 말을 하였더라"(단 7:6-8)

'케룹'이라고도 알려진 케루빔은 흔히 사랑스럽고 통통한 아기 천사로 묘사된다. 하지만 성경의 묘사는 이것과 크게 대조된다. 성경에 따르면, 그들은 사실 무서운 생명체이다. 에덴동산을 지키는 케루빔은 불타는 검을 휘둘러 그들의 위협적인 본성을 더했다. 에스겔은 더 나아가 그들을 네 얼굴을 가진 것으로 묘사했다. 그들은 인간과 닮았지만, 각각 네 얼굴을 가졌고 각각 네 날개를 가졌다. 앞은 사람의 얼굴이고, 오른쪽은 사자의 얼굴이며, 왼쪽은 황소의 얼굴이고, 뒤는 독수리의 얼굴이었다(겔 1:5-11).

성경은 용에 대해서도 언급하고 있는데 요한계시록에는 '그는 악마와 사탄인 그 고대 뱀인 용을 사로잡아 천 년 동안 묶어 두셨다'(20:2)라는 대목이 나온다. 용은 수천 년 동안 신화에 깊이 뿌리박혀 있는 고대의 사악한 생물이다. 성 조지가 용을 죽였다는 유명한 이야기를 포함한 기독교 이야기는 다양한 문화권에서 끈질기게 울려 퍼진다.

성경의 어떤 구절들은 흡혈귀와 관련되어 있다. 예를 들어, 잠언은 흡혈귀를 "앞니는 장검 같고 어금니는 군도 같아서 가난한 자를 땅에서 삼키며 궁핍한 자를 사람 중에서 삼키는 무리가 있느니라"(30:14)라고 설명하고 있다. 피는 성경에서 중요한 개념으로, 피를 먹지 말라는 분명한 메시지가 있다. 신명기는 "다만 크게 삼가서 그 피는 먹지 말라 피는 그 생명인즉 네가 그 생명을 고기와 함께 먹지 못하리니"(12:23)라고 경고하고 있다.

늑대인간에 대한 개념은 수세기 동안 존재해 왔다. 성경은 구체적으로 늑대인간에 대해 언급하지 않지만 다니엘서에는 꽤 유사하게 설명되어 있다. 그 말씀은 곧 느부갓네살을 상대로 이루어졌다.

> "바로 그때에 이 일이 나 느부갓네살에게 응하므로 내가 사람에게 쫓겨나서 소처럼 풀을 먹으며 몸이 하늘 이슬에 젖고 머리털이 독수리 털과 같이 자랐고 손톱은 새 발톱과 같이 되었더라"(4:33).

'신의 아들'과 '인간의 딸'이 결합한 결과물인 네피림은 신비로운 존재로 남아 있다. 흔히 네피림은 지구를 떠돌던 거인적 존재로 불리는데, 어떤 학자들은 그들이 타락한 천사나 사인의 자손이라고 추측한다. 이 기묘한 생명체들은 성경을 읽는 독자들을 계속해서 사로잡고 있으며, 이사야서에 세 번 언급되어 있다. 기본적으로 반은 수탉이고 반은 뱀이며, 이것은 일종의 작은 용이다.

이사야서는 유니콘의 본성에 대한 더 깊은 이해를 제공한다.

> "여호와의 칼이 피 곧 어린 양과 염소의 피에 만족하고 기름 곧 숫양의 콩팥 기름으로 윤택하니 이는 여호와를 위한 희생이 보스라에 있고 큰 살륙이 에돔 땅에 있음이라 들소와 송아지와 수소가 함께 도살장에 내려가니 그들의 땅이 피에 취하며 흙이 기름으로 윤택하리라"(34:6-7).

민수기(22:21)에서는 말하는 나귀라는 특이한 생물이 언급된다. 발람은 나귀를 타고 가다가 나귀가 천사를 만나 멈추자 나귀를 세 번 내리치면서 대응했다(민 22:28). 그때 하나님께서 기적적으로 그 동물에게 말할 수 있는 능력을 부여했다(민 22:30).

에스겔에 등장하는 생물은 다리는 곧은 다리요 그들의 발바닥은 송아지 발바닥 같고 광낸 구리같이 빛나며 그 사방 날개 밑에는 각각 사람의 손이 있었다.

"그 네 생물의 얼굴과 날개가 이러하니 날개는 다 서로 연하였으며 갈 때에는 돌이키지 아니하고 일제히 앞으로 곧게 행하며 그 얼굴들의 모양은 넷의 앞은 사람의 얼굴이요 넷의 오른쪽은 사자의 얼굴이요 넷의 왼쪽은 소의 얼굴이요 넷의 뒤는 독수리의 얼굴이니 그 얼굴은 그러하며 그 날개는 들어 펴서 각기 둘씩 서로 연하였고 또 둘은 몸을 가렸으며 영이 어떤 쪽으로 가면 그 생물들도 그대로 가되 돌이키지 아니하고 일제히 앞으로 곧게 행하며 또 생물들의 모양은 타는 숯불과 횃불 모양 같은데 그 불이 그 생물 사이에서 오르락내리락하며 그 불은 광채가 있고 그 가운데에서는 번개가 나며 그 생물들은 번개 모양같이 왕래하더라"(1:7-14).

그들은 네 개의 얼굴과 많은 눈을 가지고 있었다.

# 교회의 위선자들에 대하여

평소 유대인들은 로마처럼 검과 무력을 통해서 이스라엘에 평화를 가져다줄 정치적·육신적 메시아를 기대하였다(일종의 'Pax Romana'). 그러나 예수님이 오심으로써 정반대의 현상이 일어났다. 예수님께서는 "내가 세상에 화평을 주러 온 줄로 생각하지 말라 화평이 아니요 검을 주러 왔노라"(마 10:34)라고 말씀하셨다. 그리고 칼(검)은 분쟁(눅 12:51), 곧 가정의 불화와 분쟁임을 좀더 구체적으로 묘사하고 있다.

이 말씀은 '내가 옴으로써 결과적으로 분쟁이 일어나게 되었다'라는 뜻이다. 하나님의 말씀이 칼과 같아서 사람의 내부를 찔러 쪼개듯이(히 4:12), 예수님의 말씀도 인간 사회의 내부와 가족관계, 심령 상태를 찔러 쪼개어 나누는 결과를 초래하였다. 실제로 예수님은 성령의 칼을 가지고 오셨다(엡 6:17). 예수님 앞에는 '이것도 저것도'가 아니라 '이것이냐 저것이냐'만 있을 뿐이다.

불교를 비롯한 세상 종교들은 주변 상황에 쉽게 동화되고 타협하기 때문에 박해가 없었지만, 기독교는 끝까지 진리만을 고수했기 때문에 온갖 박해와 고난을 겪었고 순교까지 당해야 했다. 그러나 칼로 세계를 제패하는 듯했던 로마가 콘스탄틴 황제 때(A.D. 313) 가장 무기력하게 보였던 예수 앞에 무릎을 꿇었다는 것은 세계 역사의 아이러니가 아닐 수 없다.

그런데 현대 사회의 기독교는 교회를 많이 세우고 기독 인구도 늘어났으면서 오히려 세상(검)을 더 두려워하여 죄와 타협한다.

미국에서는 동성애가 합법화되었으며, 학교에서는 성경 가르치는 것을 금지하고, 성경 보급을 금지하는 지경에까지 이르렀다. 한국도 물질주의에 물들어 기독교 정신이 타락해 가고 있다.

이제는 신흥 종교 사이비 이단들에서 공개적으로 하나님을 대적하는 가짜 목사들까지 등장해 이렇게 말한다. "내가 보혜사 중보자이다." "구원은 한 번 받으면 끝이기에 또다시 죄 용서를 받을 필요가 없고, 하나님만 의인이시고 하나님만 구원주로 오신다. 그러므로 예수는 필요없다." 우리가 얼마나 어리석으면 이런 것들에 속아 넘어가는가! 이를 아신 예수님께서 미리 경고하셨다.

"내가 온 것은 사람이 그 아버지와, 딸이 어머니와, 며느리가 시어머니와 불화하게 하려 함이니 사람의 원수가 자기 집안 식구리라 아버지나 어머니를 나보다 더 사랑하는 자는 내게 합당하지 아니하고 아들이나 딸을 나보다 더 사랑하는 자도 내게 합당하지 아니하며 또 자기 십자가를 지고 나를 따르지 않는 자도 내게 합당하지 아니하니라"(마 10:35-38).

예수님은 복음으로 말미암아 가족 간의 분쟁이 초래될 것임을 말씀하신다. 주님께서 하신 이 말씀을 마치 기독교가 친척 간의 인륜을 부정하는 것처럼 오해해서는 안 된다. 문제는 사랑의 종류에 있는 것이다. 그리스도에 대한 사랑은 절대적이고 무조건적인(아가페) 사랑인 반면에, 친척 간의 사랑은 상대적이고 조건적인(필로스) 사랑이다.

"아버지가 아들과, 아들이 아버지와, 어머니가 딸과, 딸이 어머니와, 시어머니가 며느리와, 며느리가 시어머니와 분쟁하리라 하시니라"(눅 12:53).

매우 안타까운 경우이지만, 어떤 자부(子婦)가 시부의 부적절한 행위의 관계자를 책망하자 그 시부가 자부를 죽일 듯 교회 밖으로 쫓아내는 사태가 벌어졌다. 그런데 이를 침묵하며 그를 옹호하는 종교 지도자들 또한 가관(可觀)이다. 이렇듯 빛과 어두움, 진리와 불의가 함께할 수 없는 것처럼 절대적인 아가페 사랑과 상대적인 필로스 사랑도 역시 함께할 수 없다. 이 두 종류의 사랑은 서로 상충되기 때문에 조화나 타협을 시도할 때는 필연적인 갈등과 불화가 빚어지게 된다. 말하자면 인간의 필로스 사랑을 가지고는 결코 그리스도를 아가페적으로 사랑할 수가 없는 것이다.

그런데 한 가지 분명한 것은 그리스도를 진심으로 사랑하게 되면 부모나 가족들을 진심으로 사랑하게 된다는 사실이다. 요컨대 '아가페' 사랑과 '필로스' 사랑은 그리스도 안에서만 참된 조화와 공존이 가능하다.

"또 자기 십자가를 지고 나를 따르지 않는 자도 내게 합당하지 아니하니라"(마 10:38).

십자가는 인류 역사 가운데서 가장 잔인한 형벌도구로서 앗수르에서 처음 고안되었고, 바사(페르시아)와 헬라를 거쳐 로마에 전해졌던 것 같다. 손과 발에 못을 박아 나무에 매달기 때문에 며칠씩 고통과 갈증, 더위와 추위 등으로 몸부림치다가 서서히 죽는 실로 끔찍한 사형 도구였다. 요세푸스에 의하면, 안티오코스 에피파네스

4세는 헬라화를 거부하는 유대인들을 십자가에 못 박았고, 알렉산더 알레우스는 반란을 선동했다는 이유를 들어 3,600여 명의 유대인들을 십자가형으로 처형했다고 한다(A.D. 66).

십자가형이 어떤 것인지를 잘 알고 있는 제자들에게 있어서 자기 십자가를 지고 따르라는 말씀은 엄청난 충격 이상의 것이었을 수 있다. 각자의 십자가는 사람마다 동일하지 않다. 현세에서 비천하고 일시적인 생명을 잃으면 후세에서 더욱 고상하고도 영원한 생명을 얻게 된다. 박해를 받을 때 그리스도를 부인한다면 잠시 동안은 목숨을 연장할 수 있어도 그 생명은 영생에서 이미 끊어진 '살았다 하나 실상은 죽은 자'에 지나지 않는다.

## 아말렉 사람들과 싸우다

아말렉(Amalekites)은 시나이(시내) 반도와 네게브 사막 북동쪽의 황폐한 땅에 살았던 이들로(창 14:7) 출애굽한 이스라엘 백성을 가장 먼저 공격한 민족이다(출 17:8). 그들은 하나님을 두려워하지 않았고 이스라엘이 광야를 지날 때 피곤하여 뒤떨어진 약한 사람을 쳤다(신 25:18).

"그때에 아말렉이 와서 이스라엘과 르비딤에서 싸우니라"(출 17:8).

이스라엘 백성늘이 르비딤에서 신을 치고 있넌 중 두 사건이 일어났다. 물 문제로 불평한 사건과 아말렉 족속과의 전투이다. 이 사건을 통해 하나님께서는 자기 백성을 먹이시고 보호하실 수 있음을 보여주셨다.

이스라엘 백성이 물을 마시고 원기를 회복하고 있을 때 가나안 원주민 중 하나인 아말렉이 쳐들어왔다. 이집트에서 나와 광야길을 걸어오면서 목마름과 배고픔에 시달린 데다, 아직 군대 조직이나 무기조차 갖추지 못한 이스라엘 백성에게 막강한 유목민이었던 아말렉(호전적인 자, 골짜기에 거주하는 자, 에서의 아들인 엘리바스가 첩 딥나에게서 낳은 아들, 창 36:12) 자손의 침입은 실로 두렵고도 위협적인 사건이 아닐 수 없었다. 아마도 아말렉 자손은 자신들의 목초지를 빼앗길 것을 두려워한 나머지 공격을 감행했을 것이다.

이때 여호수아는 사람들을 뽑아서 아말렉과 싸웠다(출 17:9-10). 지금까지는 모세와 아론이 주도적으로 이스라엘 백성을 이끌어 왔지만 이제는 여호수아('여호와는 구원이시다'라는 뜻, 요셉의 아들인 에브라임의 10대손이며 눈의 아들, 대상 7:27)가 이끌었다. 아말렉 전쟁에서 모세는 그를 지휘관으로 임명했는데, 그는 모세가 신뢰하는 보좌관이며 신실한 후계자였다(이때 나이 45세쯤). 당시 일반적인 관례대로 모세가 자신의 후계자로 두 아들(게르솜과 엘리에셀, 출 18:3-4)을 세울 수 있었지만 실력 있고 유능한 여호수아를 세우고 미리 훈련시킨 것은 또 하나의 위대한 지도자적 모본이 아닐 수 없다(두 아들의 이름은 더는 성경에서 찾아볼 수 없다).

앞서 이집트 바로가 뒤쫓아왔을 때 이스라엘 백성은 하나님께서 행하시는 것을 바라보기만 했는데, 하나님께서는 때로 사람을 매개체로 사용하여 자신의 뜻을 이루시기도 한다. 이를 교훈 삼아 오늘날 교회의 일꾼을 세우는 일에서도, 영적 전쟁은 물론 세상을 두려워하지 않고 십자가 고난 속에서 예수 사랑을 실천하는 착하고 충성된 종이 선택되어야 할 것이다. 그러나 실제로는 혈연, 학연, 지연 또는 어느 한쪽만 바라보는 반쪽짜리 선입견(기도 열심, 봉사 열심, 교회 출석 열심)으로 믿음을 판결하는 경우가 많은 것 같다. 사랑은 십자가 고난이 따르고 손해를 보기 때문에 부담스럽게 여기며, 유대인들처럼 사람들에게 보여주는 기도, 봉사, 출석으로 스스로의 믿음에 자긍한다. 물론 신앙의 기본적인 사항도 중요하지만 예수님께서 주신 새 계명인 "내가 너희를 사랑한 것같이 너희도 서로 사랑하라"라는 명령에 순종하는 것도 중요하다.

특별히 교회 감독(장로)은 온 가족이 사랑(아가페)으로 신앙생활을 해야 한다. 예수님은 십자가 사랑으로 자신의 목숨을 내어주면서까지 우리 죄를 감당하셨다. 지금 우리 주위에는 질병, 경제적 어려움, 정서적 혼란으로 위로와 평안을 그리워하는 사람들이 많다. 교인은 세상에서 예수 믿는 것으로 호평을 받아야 한다. 교회 안에서는 모두 예수 잘 믿는 사람들이기 때문이다. 아울러 교회에서 자신을 과시하거나 자신의 손익을 위해 일하는 것은 아닌지 삼가 양심을 살펴볼 줄 알아야 한다. 모세는 고라와 다단, 아비람의 모반 사건을 겪었으며(민 16장) 가데스에서 물을 내게 하는 일에서 하나님의 말씀에 불순종하는 실수를 범했다(민 20:2-13). 이 사건 때문에 모세는 가나안에 들어가지 못하게 되는 하나님의 징계를 받았다.

아말렉은 여러 번 이스라엘과 적대적인 관계로 묘사되었다(삿 3:13, 6:3; 삼상 15:20, 27:8). 이스라엘 백성들은 가데스에 이르렀을 때, 불순종함으로 인해 아말렉에게 패하고 말았으며(민 14:43-45), 사사기에서는 아말렉이 미디안과 연합하여 모압 왕 에글론을 도와 북 이스라엘을 공격했음을 기록하고 있다(삿 3:13, 6:3, 33). 사울 왕은 "지금 가서 아말렉을 쳐서 그들의 모든 소유를 남기지 말고 진멸하되 남녀와 소아와 젖 먹는 아이와 우양과 낙타와 나귀를 죽이라"(삼상 15:3)라는 하나님의 명령을 받고서 아말렉을 공격하였으나 완전히 멸망시키라는 하나님의 명령에 순종하지 않았고, 결국 그는 하나님께 버림을 받았다(삼상 15:18-19). 모세 사건이나 아말렉 사건의 공통점은 불순종이었다.

모세나 아말렉만 그런 것일까? 현대 사회에서도 동일하게 불순종하는 신흥 종교 조직들이 삼삼오오 나타나고 있다.

모세가 산에 올라가 두 손을 든 것은 전투의 승리를 위해 기도한 것이었다. 싸움은 사람이 하지만 승리는 하나님께 있기 때문에 기도하는 일이 절대 필요했다. 한편, 손과 주먹은 힘을 상징하기 때문에

(창 31:29; 미 2:1) 모세가 손을 든 것은 하나님의 능력을 이스라엘에게 전하는 것으로도 해석할 수 있다. 모세가 하나님의 명령에 따라 지팡이를 들었을 때는 막강한 힘을 발휘할 수 있었지만, 스스로 손을 들었을 때는 피곤하여 내릴 수밖에 없었다. 이론과 훌('고귀함'이라는 뜻, 미리암의 남편)이 모세의 양손을 받쳐 준 것은 헌신적인 합심 기도가 얼마나 큰 효과를 발휘하는지를 보여준다(약 5:15-16).

여호수아의 용기 있는 싸움, 모세의 간절한 기도, 아론과 훌의 헌신적인 합심 기도는 이스라엘이 아말렉과의 싸움에서 승리한 주요 요인이었다. 그러나 근본적인 승리의 비결은 칼과 창이 아니라 하나님께서 함께하셨다는 데 있었다(삼상 17:47). 하나님은 하나님을 무시하고 피곤에 지친 형제 자손인 이스라엘을 비겁하게 뒤편에서 공격한 아말렉에 대한 기억을 완전히 지워 버릴 것임을 후계자인 여호수아에게 알려 주셨다(신 25:19).

하나님의 크신 이름들 중 하나인 '여호와 닛시'(여호와는 나의 깃발)라고 부른 것은 여호와께서 그들의 대장과 구원자가 되시어 전적으로 승리를 도우셨음을 나타내기 위함이다(시 20:5). 마귀와의 영적인 싸움에서 이기려면 십자가의 군기를 붙잡고 대장 되신 그리스도의 뒤를 따라가야 한다(딤후 2:3). 마귀는 아말렉처럼 끊임없이 괴롭히고 대적하다가 마지막에는 영원히 멸망당하고 말 것이다.

# 중재자의 중요성

하나님께서는 주권적인 방법으로 활동하실 뿐 아니라 여러 가지 다양한 방법으로 계시를 전달하신다. 이것이 하나님께서 응답하지 않으신다는 욥의 불평에 대한 답변일 뿐 아니라 하나님께서 침묵하시는 궁극적인 이유다.

하나님께서는 때로 꿈과 환상으로 자신의 뜻을 알려 주고 응답하신다. 물론 꿈이 다 하나님의 계시인 것은 아니지만, 계시의 완성인 성경이 완성되기 이전에는 하나님께서 꿈(요셉이나 다니엘 등, 창 37:5; 단 2:36-45)과 환상(에스겔이나 스가랴 등, 겔 1:4-21; 슥 1:8 등)을 통해 말씀하셨다. 그런데 욥은 꿈과 환상을 계시의 수단으로 보지 않고 두려움과 공포의 일종인 것으로 항변하였다(욥 7:13-15). 하나님께서 꿈과 환상으로 계시한 것은 사람으로 하여금 그 악한 행실에서 떠나게 하고, 교만하지 않도록 막으며, 파멸과 죽음을 당하지 않도록 해주시기 위함이었다(욥 33:17-18).

하나님께서는 고난의 결과를 통해 사람들에게 자신의 뜻이나 섭리를 말씀하신다. 하나님께서는 징계와 책망을 통해서라도 인간을 선한 길로 인도하시는 분이다. 따라서 고난은 하나님의 의로우신 뜻을 깨달음으로써 의와 성숙을 이루게 되는 하나님의 연단이라고 말할 수 있다. 사람은 이러한 고통을 통해 자신의 숨은 죄악을 깨닫고 하나님께 감사를 드릴 수 있다. 그런데 엘리후는 고난을 죄에 대한 형벌로 보았다. 즉, 고난 가운데서 참으로 자신의 죄를 회개하고 하나님의 의로우신 뜻을 깨달으면 하나님의 해석자인 천사가 나타나 그의 의를 변호해 주고 하나님의 은혜를 회복할 수 있도록 도와주신다는 것이다.

중재자(보혜사, 요 14:16)는 사람에게는 그의 고통의 뜻을 알려 주고 하나님께는 사람의 약점을 조정하는 역할을 한다(욥 33:24-25). 하나님께서는 욥의 몸값(욥 33:24, 36:18; 출 21:30, 그의 재난이 곧 몸값)을 받으셨으므로 이 중재자에게 그를 구원하도록 명하실 것이다. 또한 중재자(연단의 목적으로 고난당하는 자들을 적극적으로 돕는 천사)에 대해서는 이미 욥에게서 나타나 있는데(욥 16:19), 엘리후는 중재자의 역할뿐 아니라(욥 33:23) 죄악 된 인생을 위한 대속물(욥 33:24)에 대해 언급한다.

이것은 장차 인류의 모든 죄의 대속물로 오시어 생명의 빛을 비추어 주실 예수 그리스도의 중보 사역을 상징적으로 희미하게 예시함으로 메시아 사상을 반영하고 있다(마 11:27; 롬 3:21-26 등).

요컨대 엘리후는 인과응보 논리에 근거한 세 친구들의 변론과는 달리, 고난은 징계일 수도 있지만 하나의 연단 과정으로서 큰 축복의 근거가 된다고 함으로써 세 친구보다 탁월한 신앙의 지혜를 드러냄과 동시에 욥의 신앙적인 무지를 깨우치려고 했다.

고난의 이유에 대하여 욥이 자신의 무죄를 주장하고 하나님께서 응답하지 않으신다고 불평한 것에 대해, 엘리후는 고난이 단순히 죄에 대한 보응이라기보다는 하나님의 은혜와 구원 그리고 궁극적으로 생명의 빛이 비치는 축복으로 인도하기 위한 연단의 과정임을 강조하였다. 그럼으로써 욥으로 하여금 자신의 고난을 겸손히 하나님을 섬길 수 있는 연단으로 받아들이고 참고 견딜 것을 촉구하였다. 마치 하나님의 계시 방법과 고난의 의미, 중재자에 대해 언급하며 고난의 목적에 대해 말하고 있는 듯하다.

그리고 엘리후는 욥에게 자신의 말을 경청하라고 요청하고 있는데, 이것은 마치 자신이 욥의 문제를 해결할 수 있는 자로 확신하는 듯한 자신감을 보여준다(들으라 잠잠하라, 욥 33:33 반복). 욥에게 할 말이 있으면 대답하고, 없으면 자신의 말을 들으라(욥 33:31)고 말했다. 그러나 욥은 이미 자신의 말을 끝내고 하나님의 답변을 기다리고 있었으므로 어떤 대답도 하지 않았다.

엘리후는 여전히 자기가 진리의 마지막 보루라도 되는 것처럼 욥을 몰아세웠는데, 그는 아직 욥과 하나님의 관계가 어떤 것인가를 알아차리지 못한 것 같다. 어쨌든 엘리후가 세 친구처럼 고난과 죄를 연관시킨 것(욥 33:27)은 전적으로 잘못된 것이다. 중재자(仲裁者, Intervener)의 역할은 중간에서 화해를 도모하는 것이다. 일반적으로 적대적인 관계의 둘 사이에서 일을 주선하는 사람은 중보(仲保, mediator) 역할을 잘해야 한다.

성경에서는 하나님과 죄인 된 사람 사이의 관계를 회복하게 하는 '판결자'의 뜻으로 쓰였고(욥 9:33; 사 38:14), 하나님과 인간의 깨어진 관계를 회복시켜 주신 예수 그리스도를 가리키는 데 쓰였다(갈 3:20; 딤전 2:5; 히 8:6, 9:15, 12:24). 예수 그리스도께서는 죄 많은 인간과 죄를 책망하시는 공의의 하나님의 진노로 인하여 중간에 막힌 담을 헐어 버리고 하나님과 인간 사이의 단 한 분의 중보자가 되셨다(엡 2:14-18 참고). 그러므로 중보자는 예수 그리스도를 가리키는 호칭으로 성육신과 십자가의 죽음으로 이루신 그의 구속 사역과 화해의 행위를 내포한다(엡 1:7; 골 1:20; 요일 2:2, 4:9).

사람이 사는 곳은 어디든 간에 환경과 조건 등에 따라 감정적 표출은 물론 불신과 다툼이 일어날 수 있다. 이는 이해력이 부족한 오해로 인한 적대 관계로 나타날 수 있다. 우리는 법정의 치열한 공방에서 거짓과 진실의 다툼을 볼 수 있다. 그 중재 역할을 판사가 한다. 인간관계에서도 소통이 잘못되거나 거짓이 섞이면 불신과 함께 적대 관계로 나아갈 수 있기 때문에 삼가 조심해야 할 것이다.

# 반항과 호소에 대한 이해

　이스라엘 백성들에게 십계명은 헌법과 같은 것이고, 이것을 기초로 하여 민사법, 사회법, 종교법 등 23개 조항과 24개의 부수 조항 등 각종 규례들이 제정되었다. 재판은 백성 간의 분쟁으로 발생한 소송을 해결하기 위해 제3자가 내리는 판단이다. 현세의 재판정에서는 옳고 그름을 밝히는 과정에서 누가 거짓말을 잘하고 또 그 거짓을 정당화하려는 허위 증인들인지 밝히게 된다. 또한 재판관이 뇌물에 관여되었다면 그 재판은 굽어질 수 있다. 그러나 그것을 찾아 잡아내는 변호사나 판사가 있으면 그들은 범죄를 숨기지 못하고 오히려 가중처벌을 받는다.
　세상에 쇠가 만연한 것은 거짓을 옹호하거나 침묵하며 덮어버리기 때문이다. 일부 종교에서 은혜나 자비 등의 용어를 사용하여 죄를 침묵하거나 방조하며 심지어 은밀하게 옹호한다면 잘못된 것이다. 요즘 신종 범죄로 남을 부추겨 어떤 이를 고발하도록 하는 고발사주(告發詐主)라는 것이 생겨났고, 이렇게 저속한 현실 정치판의 한 줄거리를 구성하는 주역들이 사회를 혼탁하게 만든다.

물론 하나님은 "재판장을 모독하지 말며 백성의 지도자를 저주하지 말지니라"(출 22:28)라고 하셨다. 하지만 "너희는 재판할 때에 불의를 행하지 말며 가난한 자의 편을 들지 말며 세력 있는 자라고 두둔하지 말고 공의로 사람을 재판할지며 너는 네 백성 중에 돌아다니며 사람을 비방하지 말며 네 이웃의 피를 흘려 이익을 도모하지 말라"(레 19:15-16)라고도 하셨다. 그래서 재판할 땐 이렇게 해야 한다.

> "너는 재판을 굽게 하지 말며 사람을 외모로 보지 말며 또 뇌물을 받지 말라 뇌물은 지혜자의 눈을 어둡게 하고 의인의 말을 굽게 하느니라"(신 16:19).

하나님의 율법을 실천하던 이스라엘 백성들에게 재판은 진정한 재판권자인 하나님을 대리하여 율법을 적용하고 율법에 대한 바른 가르침을 제시하는 것이었다(출 18:20).

고대 재판정에서 죄인에게 준엄한 선언을 내리는 것과 비슷하게 엘리후는 욥을 정죄한 어리석은 세 친구 변론(욥 11:6, 18:5 등)에서 욥이 원망하듯 탄식한 것을 하나님의 공의에 대한 탄식으로 잘못 오해하였다. 욥이 자신의 고난에 대해 원망과 의심을 하긴 했지만, 오히려 하나님의 공의가 실현되기를 기대했기 때문이다(욥 21:7, 24:18-25).

엘리후는 그가 존경하는 연장자들(지혜 있는 총명한 자들, 욥 34:1-2, 10, 34)에게 자기 말을 들으라고 요청한다(욥 32:10, 33:1, 31 등). 여기에서 엘리후는 대상을 좀더 일반화시켜서 '지혜 있는 자들'이라고 칭하며 말한다. 엘리후는 음식 맛이 좋고 나쁨을 분별할 수 있듯이 그들도 자기 말의 정확성 여부를 확인해야 한다고 말하면서 욥의 말을 인용하고(욥 12:11), 이어서 또다시 욥이 말한 것들 중 여럿을 인용하고 있으며(욥 33:9-11), 세 사람의 편을 들어 욥을 악인들과 교제하고 고의로 죄를 범죄하는 죄인이라고 고소하였다. 말하자면 일종의 '고발사주'로, 하나님은 공의로우며 악을 행하지 않으시기 때문에 하나님의 행사에 대한 욥의 비평이 공정하지 못한 것은 '법은 공평하다'는 잣대에 따른 것이라고 말한다.

욥의 주장에 근거해서 고소한 죄목이 무엇이며, 또 무엇이 틀렸는지 살펴보자. ① 욥이 자기 의를 주장했다고 했지만(욥 34:5), 그가 자신의 절대적인 의를 계속 주장하지는 않았다(욥 9:2). 그것은 자신의 고난이 범죄의 결과가 아니며 장차 하나님께서 자신을 회복시켜 주실 것임을 기대하면서 항변한 것에 지나지 않았다(욥 13:18, 21:7). ②

하나님께 비난(욥 34:5)한 것을 비판했는데, 이것은 욥이 하나님의 부당한 판결을 비난했던 말에 근거를 두고 있다(욥 27:1-243). 그러나 욥은 하나님이 의롭지 못하다고 한 것이 아니라, 자신의 무죄를 정확히 가릴 수 있는 하나님의 판결이 늦추어지는 것을 탄식한 것이다. ③ 하나님에 대한 그릇된 판단(욥 34:6)에 대하여는, 욥이 이유 없이 고난을 당한다고 한 말(욥 9:17)에 근거하고 있다. 비록 욥은 탄식했지만, 하나님의 섭리와 믿음을 근본적으로 부인하지는 않았다(욥 21:17-34, 23:14 등).

엘리후는 욥이 극심한 고난 가운데서 원망하듯 불평한 것을 자기 나름대로 과장하고 오해함으로 세 친구들처럼 욥의 실제적인 고충이나 내면적인 갈등에 대해 해결책을 제시하지 못하였다. 엘리후는 앞에서 욥이 하나님의 공의를 부인하는 불신앙의 죄를 지은 것처럼 고소했고(욥 34:1-9), 자기 고소의 정당성과 욥의 잘못을 더욱 분명히 부각시키려고 결코 악을 행치 않으시고 사람의 행위대로 보응하시는 심판자 되시는 하나님의 절대적 공의에 대해 설명한다.

욥은 하나님께서 자신을 공정하게 대하지 않았다고 호소했지만(욥 27:2) 엘리후는 몇 가지 증거를 들어 하나님의 공의를 주장한다.

① 하나님은 죄에 대해 징계하심으로 사람의 행위대로 보응하신다.

② 하나님께서 불의를 행하시거나(욥 34:10) 공의를 굽히신다(욥 8:3)는 것은 그분의 성품과 일치하지 않는다(욥 34:12).

③ 하나님께서는 세상의 주권자로서 독자적인 권위를 가지고 계시므로 아무도 그를 공의에서 떠나게 할 수 없다(욥 34:13).

④ 인간의 생명을 지키시는 하나님은 원하기만 하면 그 영과 기운을 즉시 거두실 수 있으며, 만약 그러신다면 모든 사람은 일시에 망하게 될 것이다.

⑤ 만일 하나님께서 불의하시다면 어떻게 세상을 다스리시겠는가?(욥 34:17) 따라서 의로우신 분을 불의하다고 말하는 것은 잘못이다. 욥의 친구로 연장자인 데만 사람(욥 2:11; 4:1; 15:1; 22:1) 엘리바스는 욥이 고난당하는 것은 큰 죄를 지었기 때문이라고 보았다(욥 4:7). 또 욥이 악에서 떠나면 하나님께서 그의 상태를 회복시켜 주실 것이라고(욥 4:12-21, 15장, 22장) 생각했다. 그리고 엘리후는 교묘한 언변으로 "정의를 미워하시는 이시라면 어찌 그대를 다스리시겠느냐 의롭고 전능하신 이를 그대가 정죄하겠느냐"(욥 34:17)라고 한다. 여기에서 '욥이 악에서 떠나면 회복시켜 주신다. 하나님이 정의를 미워하신다면'의 언변은 결국 하나님의 말씀과 모순된 발언이다.

⑥ 하나님께서는 무능하고 사악한 왕이나 귀족, 군주들, 부자를 심판하기를 주저하지 않으신다(욥 34:18-20). 그런데 어떻게 욥이 하나님을 불의하시다고 말할 수 있는가? 엘리후는 여기에서 욥이 하나님께서 공의를 행하시는 일을 늦추신다는 불평에 대해 답변하려고 한 것 같다(욥 24:1-21). 엘리후는 계속해서 하나님의 공의에 대해 여러

가지 증거로 이러한 사실들을 지적하고 있다.

⑦ 전지하신 하나님께서는 모든 사건들을 낱낱이 아시며 또 모든 행동을 감찰하시므로(욥 34:21, 24:23) 인간의 재판들처럼 사건을 조사할 필요가 없으시다(욥 34:23, 11:11). 그러므로 죄인들은 하나님의 심판을 면하기 위해 어두움을 숨길 수가 없다. 그들을 밤사이에 무너뜨려 멸망시키신다.

⑧ 하나님께서는 악한 자를 간과하시지 않기 때문에 공정하시다. 하나님께서는 사람의 길을 살피시며(욥 34:21, 24:33), 그분을 거부하고 무시하는 자를 징계하신다(욥 34:28-29).

⑨ 세계를 통치하시고 주관하시는 하나님께서는 결코 모순이 없으므로 그의 감추어진 섭리에 대해 누구든지 이의를 제기할 수 없다(욥 34:29).

이와 같이 하나님은 공의 그 자체이시므로 욥은 그의 회개치 않음과 반항에 대해서 마땅히 심판을 받아야 한다며, 엘리후는 신학적이고도 논리적으로 그를 정죄했다. 그럼에도 욥은 자신의 무죄를 주장하면서 만일 하나님께서 자기가 어떤 악을 행했는지 보여주면 범죄하기를 그치겠다고 말했다(욥 6:24, 7:20-21).

그러자 엘리후는 주권자 하나님께 굴복해야 하는데 오히려 무엇을 행하라고 말하는 것은 하나님의 주권에 대한 반역이요 주제넘은 일이라 생각하고, 욥에게 고난을 받을 때 겸손히 자기를 되돌아보고 하나님께서 고난을 통해 주시는 교훈을 스스로 받아들이라고 말한다. 그리고 욥을 하나님께 회개할 줄 모르는 죄인으로 규정하고 통렬히 책망하면서 계속 고난받기를 원했다(욥 34:36). 욥이 계속 무죄를 주장하면서 하나님을 불의하다고 말하기 때문이라는 것이다(욥 34:37).

그러나 엘리후는 욥의 사정과 진심을 분명히 오해하고 있다. 사실상 욥은 결코 하나님 앞에서 불신앙과 패역의 죄를 범한 적이 없다(욥 33:1-12, 34:10-30). 욥이 자신의 무죄를 주장하고 불평한 것은 하나님의 공의를 부인한 것이 아니라 극심한 고난 속에서 자신의 처지를 호소하고 하나님의 공의를 간절히 소망한 것일 뿐이다.

# '거짓'이라는 범죄 행위

사실과 다른 것이나 사실이 아닌 것을 사실처럼 꾸미거나 그렇게 말하는 것을 거짓이라고 한다. 성경에서 '거짓'은 하나님보다 자신을 주인으로 생각하는 교만한 마음을 가리키는 데 사용되곤 했다(시 59:12-13; 사 28:15). 하나님을 배반하는 행위인 우상숭배, 복술, 주술과 관련하여 사용되기도 하였다(렘 10:14; 암 2:4; 슥 10:2). 또한 하나님께서 말씀하시지 않은 것을 하나님의 이름을 팔아 예언하는 사람들에게도 자주 적용되었다(렘 29:9).

거짓은 구원의 진리에 반대되는 것이며 궁극적으로 사탄에게 속한 것이라고 보아, 요한은 마귀를 거짓말하는 자이며 거짓의 아비이고 살인한 자라고 하였다(요 8:44). 마지막 때에 거짓 선지자가 일어나서 백성들을 미혹에 빠뜨릴 것이나(살후 2:9-12), 거짓말하는 자들은 생명책에 기록되지 못하며(계 21:27) 유황불에 던져질 것이다(계 21:8, 22:15).

거짓말은 곤란한 상황에서 벗어나기 위해 하는 경우가 많다. 하지만 아무리 철저한 거짓말이라도 언젠가는 들통나기 마련이다. 특히 당장의 위기는 모면할 수 있다고 해도 대부분은 이전에 했던 거짓말을 들키지 않기 위해 결국 계속해서 더 큰 거짓말을 할 수밖에 없다. 쉽게 말해 거짓말은 한 번 하기 시작하면 끝이 없다는 것이다. 거짓말은 사회적 평판과 직결되며, 한번 나를 불신하게 된 상대와 다시금 신뢰를 쌓기 위해서는 많은 노력과 시간이 필요하다.

말의 솔직함은 타인이 얼마나 자신을 믿고 기다려 주는지 그 행동에 따라 달라지기도 한다. 가령 특정 잘못을 추궁할 때 당사자를 심하게 질책하거나 위협한다면 오히려 거짓을 말할 가능성이 증가한다. 이는 거짓말이 나쁘다는 것은 알고 있지만, 본능적인 방어 기제 때문이거나 추궁하는 사람에 대한 불신이 쌓인 탓이다.

반면 때때로 거짓말이 사회적으로 도움이 되는 경우도 많다. 예를 들자면 별로 친하지 않은 사람이나 자신이 싫어하는 사람이 자꾸 자신의 사생활에 대해 알려고 하거나, 누군가가 정당한 이유도 없이 이름, 나이, 거주지, 연락처, 소속, 직업 등의 개인 정보를 캐묻거나, 나쁜 사람을 응징하고자 할 때는 거짓말이 도움이 된다.

영국의 정치가 벤저민 디즈레일리는 거짓말이 크게 '그럴듯한 거짓말', '새빨간 거짓말', '통계'의 세 가지로 구분된다고 말하며 통계의 과학적 허구성과 오류, 착시에 대해 지적한 적이 있다. 또《벌거벗은 통계》에서 저자 발터 크래머는 "많은 사람들이 진실을 밝히기 위해서가 아니라 자신의 주장을 뒷받침하려는 목적으로 통계를 들먹인다"라고 했다. 거짓말이라면 전기 충격을 주는 거짓말 탐지기라는 것이 있다. 하지만 이것으로는 실질적으로 말의 진위 여부를 판단하기 어렵기 때문에 대한민국 법원은 거짓말 탐지기의 법적 효력을 사실상 인정하지 않으며, 까다로운 조건을 통과해 합리적인 방법으로 측정되었다 해도 정황 증거 외의 사용은 불가하다.

거짓말을 태생적으로 하기 어려운 사람들이 종종 있다. 이런 사람들의 장점은 정말 가까운 사람에게는 반강제로 신뢰를 얻는다는 점이고, 단점은 적을 만들기 쉽다는 점이다. 특히 눈치가 없는 것을 상쇄하고자 다른 사람들의 눈을 자주 관찰하면서 최대한 속마음을 읽으려는 사람들이 이런 경우가 많다. 남의 눈을 쳐다볼수록 자신의 눈도 상대에게 잘 보이기 때문에 표정을 감추기가 어려워진다. 하필 이런 성격인 사람이 취향이나 평소 언행까지 비주류라면 자기는 시비를 걸고 다니지 않았는데도 인성이 나쁘다는 평가를 받기가 쉽다. 자신과 이질적인 상황에 대한 불쾌함을 숨기지 못하기 때문이다.

우리가 거짓말을 하지 않고도 듣는 사람을 속이거나 호도할 수 있는 방법은 정말 많기 때문에, 많은 창작물에는 거짓말은 하지 않는다는 밈이 있다. 실제 역사적으로 거짓말을 하지 않으면서 남을 속이는 기술을 연마한 대표적인 집단으로는 가톨릭 사제들이 있는데, 박해 속에 신앙을 지키는 동시에 거짓말은 하지 않는 계율을 지키기 위해서였다. 그들이 발달시킨 기술 중에는 어질어질한 것들이 많은데, 대표적으로는 마음껏 거짓말을 한 다음에 문장을 완성하지 않고, 상대가 듣지 못할 정도의 작은 목소리로 "그러나 그것은 사실이 아니다"라고 뇌까리는 것이다. 이 기술은 더욱 발전해서 나중에는 거짓말을 하면서 마음속으로 그것을 취소하는 경지에 이르렀다. 어쨌든 자신은 참말을 했다는 논리이다.

하얀 거짓말은 남을 배려하기 위한 선의의 거짓말로 세계적으로 널리 쓰이는 말이고, 까만 거짓말은 자신의 죄를 덜거나 은폐하기 위한 거짓말로 범죄자들의 위증이 이에 해당한다. 또한 새빨간 거짓말은 한국에서 주로 쓰이는 말로 진실이 전혀 없는 완벽한 거짓말을 일컬으며, 빨간 거짓말은 상대가 진실이 아니라는 것을 아는데도 하는 뻔한 거짓말이고, 노란 거짓말은 아이들이 하는 귀여운 거짓말이며, 분홍 거짓말은 연인 사이에 하는 거짓말이다. 무지개 거짓말은 이야기를 재밌게 꾸미기 위한 거짓말로, 소설이나 영화 등 창작물을 만드는 작가들의 픽션이 이에 해당한다. 그리고 초록 거짓말은 더 좋은 친절한 세상이 촉진하는 거짓말이고, 파란 거짓말은 자신이 속한 집단의 이익을 위해 하는 거짓말이다.

거짓말로 범죄를 저지른 사람들을 거짓말 사범 혹은 위증 사범이라고도 부른다. 한국에서는 남을 속여서 이익을 얻거나 행정 처분 또는 사법 처분을 내리는 데 있어서 허위의 사실을 제공하는 범죄 유형을 일컫는 말이다. 물론 정식 법률 용어가 아닌 통칭이지만 언론뿐 아니라 검찰에서도 쓰는 단어이다. 코로나19 시국 초기에는 신천지예수교 증거장막성전 신도들 및 교단, 일부 자가격리자, 인천 거짓말쟁이 강사, 오미크론 변이 목사 부부 거짓말 사건 등 역학 조사 과정에서 거짓말을 해서 지자체 및 주변 상인들에게 고발당하거나, 외국인의 경우 추방 및 영구 입국 금지 조치를 당하는 사례들도 많이 발생했다.

그 밖에도 상대가 죄를 짓지 않았음에도 '한번 혼나 봐라' 하는 식으로 일단 거짓으로 신고하고 보는 악습 또한 고쳐야 할 문제다. 2017년 이후로는 성추행 특유의 악랄한 유죄 추정의 원칙 때문에 성폭력 무고죄가 상당히 심각한 문제로 떠올랐다. 거짓말 범죄의 범주에 포함되는 것들은 도주와 범인 은닉의 죄가 있고, 위증과 증거 인멸의 죄는 법정에서 고의로 거짓 진술을 할 경우 위증죄라는 중범죄가 성립된다. 이는 어느 나라나 마찬가지이지만 특히 미국의 법정에서는 엄청난 범죄로 치부되며, 상황에 따라서는 피고와 원고의 위치가 바뀌는 경우도 있다. 이는 현직 대통령도 예외 없는데, 대표적으로 리처드 닉슨과 빌 클린턴의 사례가 있다. 워터게이트 사건 당시 리처드 닉슨의 정치 생명이 끊어진 것도 도청 사실 자체보다는 닉슨의 거짓 진술이 결정타였고, 클린턴의 단순한 성적 스캔들이 탄핵 문제로까지 떠오른 것도 클린턴이 위증을 했다는 논란 때문이었다. 최근에는 프로야구팀 키움 히어로즈에서 활동하던 야시엘 푸이그가 스포츠 도박 및 허위 진술로 사실상 팀에서 방출된 적도 있다. 이것은 원래 전통적으로 미국인들은 거짓말을 엄청나게 싫어하기 때문이기도 하다. 신뢰가 중요시되는 사회라서 그런지 미국인들은 사소한 일에도 거짓말을 하지 않으려고 하며, 영어로 'liar'(거짓말쟁이)라고 하면 망나니급으로 엄청나게 심한 욕이 된다. 청교도에 기반한 문화인 것도 한 이유일 듯하다.

공무원이 진실에 반하는 내용의 공문서를 작성하면 허위공문서작성죄로 처벌된다. 하지만 반대로 거짓말을 했지만 처벌받지 않는 경우도 있다. 모든 사람이 기본적으로 거짓말일 가능성이 높다고 인식하는 경우나 계약상, 신분상 혹은 국익을 위해 거짓말이 불가피한 경우 등이다. 법정 싸움에서 피고인이 결과적으로 유죄 판결을 받아도 변호사의 무죄 주장은 처벌 대상이 아니다. 피고인이 자신의 범죄에 대한 위증, 증거 인멸도 마찬가지로 결과적으로 유죄 판결을 받는다고 해도, 추가적으로 위증이나 증거인멸죄로 기소되지는 않는다. 기대 가능성이 없기 때문이다. 정치인의 공약은 지키기 어려운 약속일 경우가 많지만, 애초부터 지킬 생각이 없는 경우도 많다. 이 경우 거짓말이지만 법적 처벌로 이어지진 않는다. 거짓말로 특정인에게 피해를 입혔다면 이는 민법의 불법 행위를 구성하고, 피해자는 민사소송을 통해 구제받을 수 있다.

# 십계명에서 거짓은
# 가증스러운 죄악

　어떤 사실을 다른 사람이 납득하게 설명하는 것을 변명이라 한다. 내키지 않는 사태를 피하거나 사실을 감추려고 방패막이가 되는 다른 일을 내세우는 핑계는 잘못한 일에 대하여 이리저리 돌려 말하는 구차한 변명이 될 수 있다. 인간관계의 대화에서는 어떤 잘못이나 실수에 대하여 구실을 대며 그 까닭을 말해야 하며, 옳고 그름을 가려 사리를 밝혀야 한다. 법정에서는 물증, 증거, 증인(요즘은 고발 사주 받은 가짜 증인이 성행)을 실정법에 응용하고 있다.
　성경에서 욥은 자신의 고난이 죄 때문이 아님을 변명하였으며(욥 13:6), 바울도 자신이 증거하는 복음에 대해 변명하였다(행 24:10, 26:1-23). 예수님은 제자들에게 핍박에 내비해서 변명힐 깃을 미리 고민하지 말라고 말씀하셨다(눅 21:14). 핍박자들이 대항하거나 변박할 수 없는 지혜를 성령께서 주실 것이기 때문이었다(마 10:19-20; 눅 21:15).

아그립바 앞에서 행한 바울의 변명은, 유대인들의 송사로 가이사랴에 구류되어 있을 때 아그립바 왕이 바울의 변명을 듣고 싶어 했기 때문이다. 이에 바울은 자신의 무죄와 복음의 정당성을 밝히기 위해 아그립바와 총독 베스도, 천부장들, 가이사랴의 높은 사람들 앞에서 변증 설교를 하였다. 바울은 이 변증 설교에서 유대인들도 부활을 믿어 왔으며 하나님께서 예수님을 부활하게 하셨고 그 예수님께 자신이 소명을 받았다는 것, 특히 자신은 세상을 향한 부활의 증인이 되었다는 사실을 밝혔다. 이때 바울은 정통파 유대인이었던 자신의 생애(행 26:4-8)를 밝히면서 자신이 바리새인의 생활을 하였다(행 26:5)고 소개하였다. 그러면서 자신이 부활의 소망을 전하는데도 같은 소망을 지녔다고 하는 유대인들에게 배척당하고 있다고 말했다.

교회의 박해자였던 바울의 회고담을 들은 아그립바의 할아버지는 예수님이 태어났을 때 동방박사의 말을 듣고 2세 이하의 유아들을 죽이게 했던 헤롯 왕이었고, 삼촌은 세례 요한의 목을 베었으며, 아버지는 야고보를 처형하고 베드로를 투옥했다. 많은 기독교인들을 핍박했던 가문의 자손인 아그립바에게 바울은 자신 역시 기독교인들을 핍박했던 사람임을 솔직하게 말했다. 그러나 그런 자신이 부활하신 예수님을 만나고 회심하여 예수님을 전하는 증인으로 살게 되었다고 증거하였다(행 26:9-18).

누군가를 속이는 것은 좋지 못하지만 크게 어려운 일이 아니다. 그러나 평소에도 사실과 다른 것이나 사실이 아닌 것을 사실처럼 꾸미거나 그렇게 말해서는 안 되지만, 특히 법정에 증인으로 참석하게 되어 법률에 의해 거짓된 증언을 하지 않을 것을 선서하였다면 거짓을 고해서는 안 된다. 그리고 공적인 단체 등 특히 교회 목사, 장로 등 항존직은 분명 오른손을 들고 거짓말을 하지 않겠다고 선서를 해야 임직식을 통해 임직을 받게 된다. 따라서 해당 범죄(거짓)를 저지른 경우 처벌을 받아야 한다.

성경에서 거짓은 하나님보다 자신을 주인으로 생각하는 교만한 마음을 가리키는 데 사용되곤 했다(시 59:12-13; 사 28:15). 또한 하나님께서 말씀하시지 않은 것을 하나님의 이름을 팔아 예언하는 사람들에게도 자주 적용되었다(렘 29:9). 모세의 율법에서는 이것을 분명히 금하였고(출 20:16; 레 19:11; 신 5:20) 거짓 고소, 거짓 증거를 경계하였다(신 19:15-21). 신약에서도 거짓은 구원의 진리에 반대되는 것이며 궁극적으로 사탄에게 속한 것이라고 보아, 요한은 마귀를 거짓말하는 자이며 거짓의 아비이고 살인한 자라고 하였다(요 8:44). 바울도 성도들은 거짓말을 해서는 안 된다고 교훈했다(골 3:9). 아나니아와 삽비라는 밭을 판 돈의 일부를 감추고도 전부를 헌금했다고 거짓말하였다(행 5:1-11). 마지막 때 거짓 선지자가 일어나서 백성들을 미혹에 빠뜨릴 것이나(살후 2:9-12), 거짓말하는 자들은 생명책에 기록되지 못하며(계 21:27) 유황불에 던져질 것이다(계 21:8, 22:15).

결국 거짓 증거 곧 위증(僞證, Malicious witness)하는 자(신 19:16)는 실제로 없었던 일을 마치 있었던 것인 양 꾸며 내어 무고한 사람을 모함하는 자이다. '남에게 죄를 뒤집어씌우려고 해로운 증언을 하는 자'로 이는 십계명(출 20:16)에서도 엄히 금하고 있는 가증스러운 죄악이다.

현대에도 거짓을 처벌하는 법이 있다. 현행 구속력 있는 법을 살펴보면 다음과 같다. 형법 제152조(위증, 모해위증) ① 법률에 의하여 선서한 증인이 허위의 진술을 한 때에는 5년 이하의 징역 또는 1천만 원 이하의 벌금에 처한다. ② 형사 사건 또는 징계 사건에 관하여 피고인, 피의자 또는 징계 혐의자를 모해(謀害)할 목적 즉 모략(謀略)해서 남을 해치는 것에 대하여 전항의 죄를 범한 때에는 10년 이하의 징역에 처한다.

사회 공동체에서 삼삼오오 모여 모임을 구성하는 조직문화는 어디에든 있다. 그들 가운데 거짓을 일상 생활화하는 자들은 똑같은 사람끼리 공동정범으로 공론하며 살아간다. 마치 죄짓고 교도소 다녀온 사람들이 더 교묘하고 교활하며 능수능란한 거짓 수단꾼이 되는 것처럼 말이다. 이 사람들은 얼굴에 철판을 깔고 다니기 때문에 매우 뻔뻔스럽고 천연덕스럽게 거짓을 말한다.

사실상 지금 우리는 이런 세상에 살면서 윤리와 도덕은 물론 인간이라는 존엄성마저 훼손된 무리로 인해 실망과 좌절감에 빠질 때가 많다.

"그런즉 네가 공의와 정의와 정직 곧 모든 선한 길을 깨달을 것이라"(잠 2:9).

그럴수록 우리는 예수 그리스도를 제대로 믿고 평안의 매는 줄로 단단히 묶어야 한다.

# 110세까지 사는
# 건강 비결

건강은 육체적, 정신적, 사회적으로 바르고 건실하며 평안한 상태를 말한다. 구약에서 다윗은 하나님께 자신의 건강을 회복시켜 달라고(시 39:13) 요청했고, 잠언 기자도 아들이 아버지의 훈계를 마음에 간직할 때 '건강하게 된다'(잠 4:22)고 적었다. 신약에서 예수님은 여러 병든 자들을 고쳐 건강하게 하셨는데(막 5:34), 이로써 자신이 병든 자와 죄인을 위해 오신 분임을 밝히 드러내셨다(마 9:12; 막 2:17; 눅 5:31).

"건강한 자에게는 의사가 쓸데없고 병든 자에게라야 쓸 데 있나니"(눅 5:31)라는 말씀은 공관복음에 공통적으로 나오는 예수님의 말씀이다(마 9:12; 막 2:17; 눅 5:31). 여기서 건강한 자는 바리새인, 병든 자는 세리, 의원은 예수님을 말한다. 하지만 실제로 불치병에 걸린 사람은 바리새인이었다. 병든 자로 여겨졌던 세리들이 외적인 병을 앓는 것처럼 보였다면, 바리새인들은 내면의 고질적인 병을 앓고 있던 자들이었기 때문이다. 예수님께서는 이 말씀을 통해 간접적으로 바리새인들의 외식을 경계하셨다.

노년기 3대 불안은 '돈, 건강, 고독'이라고 한다. 그래서 뇌를 건강하게 유지하는 법에 대해 찾아보았다. 일본에는 '로가이'(老害, 노해)라는 단어가 있다. 한국의 '꼰대'와 비슷한 말인데, 상대방에게 벌컥 화를 내고 짜증을 내면서 불만을 퍼붓는 고령자를 의미한다. 뇌가 늙은 고령자는 남의 시선을 의식하지 않고 자기중심적인 행동을 해서 주변에 민폐를 끼친다. 이런 행동은 전두엽 앞쪽 부분인 전두전야(前頭前野) 기능이 약해져 감정을 제어할 수 없어서 나타나는 현상이다.

뇌가 건강한 백세인의 특징과 함께 살펴볼 것이 크게 일곱 가지가 있었다.

① 즐겁게 식사한다. 현재 일본 최고령자(115세)인 타츠미 후사 씨는 요양시설에 누워 지내지만 "밥, 아직인가요?"라는 말을 습관처럼 한다. 왕성한 식욕으로 삼시세끼를 즐기면 노쇠 위험이 낮아진다.

② 따뜻한 집에 거주한다. 방이 추우면 혈관이 수축해서 혈압이 올라가고 치매 위험이 높아진다. 일본 게이오 대학에서 겨울철 거실 온도가 낮은 집과 5도 정도 높은 집을 비교한 연구가 있는데, 따뜻

한 집에 사는 사람의 뇌 나이가 열 살이나 젊었다. 실내온도를 18도 이상 유지하는 것이 뇌의 건강에 좋다.

③ 뇌가 젊은 사람은 새로운 것에 호기심을 갖고 끊임없이 도전하며, '취미 부자'여서 다양한 활동에 참여한다. 반려동물을 키우는 것도 뇌의 회춘(回春)에 도움이 된다. 그리고 은퇴하면 수첩은 필요 없다고 생각하는 사람들이 많다. 하지만 은퇴하면 꼭 써야 하는 것이 수첩이라고 생각한다. 수첩에 손글씨를 쓰면 뇌의 인지 기능이 좋아진다. 몸을 움직이고 오감을 자극하면서 입력하게 되므로 기억에도 잘 남는다. 특히 수첩에 삶의 목표를 적는 것은 매우 좋다. 가령 '1년 뒤에 죽는다면?'이라고 질문하고 스스로 답을 적는 것이다. 일정이 없는 날은 '오늘 하고 싶은 일 다섯 가지', '오늘 성공한 일 세 가지' 이런 식으로 목표를 정하고 답을 쓰면 된다. 실현 가능성이 낮아도 하고 싶은 일이 뚜렷해지는 것이 중요하다. 삶의 목표가 생겨야 뇌가 녹슬지 않고 움직이기 시작한다.

④ 평소에 말할 때도 뇌를 젊게 하는 방법이 있다. 바로 '탕탕', '휘익', '타닥' 등과 같은 의성어를 쓰는 것이다. 별 의미 없이 쓴다고 해도 뇌에는 상당한 영향을 미친다. 운동선수들이 의성어를 많이 활용하는 것도 같은 이치이다. 운동할 때 의성어를 넣어서 하면 몸의 움직임이 달라지기 때문이다. 의성어를 외치면 뇌에서 지령을 내리고, 근육의 한계까지 힘을 낼 수 있다(샤우팅 효과).

⑤ 뇌의 노화는 언제부터 시작되는가? 노인이 되어서야 뇌가 늙는 게 아니다. 빠르면 30대부터 뇌가 늙기도 한다. 실제로 일본에선 65세 미만에 발병하는 약년성(若年性) 치매가 늘고 있다. 또 뇌의 능력은 정점을 찍는 시기가 있다. 미국 하버드대 연구에 따르면, 사람 이름을 기억하는 능력이나 정보 처리 능력은 20세 전후(18~22세)부터 노화가 시작된다. E스포츠(게임)는 젊은 사람들이 해야 좋은데, 뇌의 정보 처리 능력이 18세에 최고치를 찍기 때문이다.

⑥ 뇌가 늙었는지 아닌지 어떻게 아는가? 50세 이상이라면 간단한 자가 진단법이 있다. 두 눈을 감고 한 발로 서 있을 수 있는 시간을 측정하면 된다. 30초 이상 버틸 수 있다면 뇌가 상당히 젊다고 볼 수 있다. 만약 80대인데 눈 감고 한 발로 35초 이상 서 있었다면 뇌의 나이는 40대로 젊은 것이다. 눈을 뜨고 한 발 서기는 오래 하는데 눈만 감으면 바로 균형 감각을 잃는 사람도 있다. 이런 경우는 안타깝지만 뇌의 노화가 제법 진행된 상태이다. 그렇다면 노인 뇌와 눈 감고 한 발 서기의 관계는 무엇일까? 일반적으로 눈을 뜨고 있을 때는 대뇌 시각피질이 균형을 잡으려 한다. 그런데 눈을 감아서 시각피질이 완전히 차단되면, 시각 정보 대신 신체 균형 감각으로 서 있어야 한다. 바로 이 신체 균형 감각이 뇌의 건강 상태와 비례하는 것이다. 그런데 신체 나이보다 뇌의 나이가 늙게 나왔다고 해서 좌절할 필요는 없다. 48세의 지인이 눈 감고 한 발 서기를 2조밖에 못 해서

뇌의 나이가 80대로 나왔다. 결과에 충격을 받고 여러 번 연습하여 지금은 18초쯤 설 수 있게 됐다. 균형 감각도 훈련하면 좋아진다.

⑦ 슈퍼 에이저(superager, 나이가 들어도 뛰어난 두뇌 기능과 기억력을 유지하는 사람)들은 식욕이 왕성한데, 특히 고기를 좋아하는 사람들이 많다. 세계 최고령자였던 기타가와 미나(115세 사망) 씨는 100세가 될 때까지 농가에서 일하며 소고기를 즐겼다. 나카치 시게요(115세 사망) 씨 역시 하루 세 끼 꼬박 챙겨 먹었는데 닭고기 영양밥과 소고기를 좋아했다고 한다. 의외일지 모르겠지만 건강한 백세인 중에 소고기나 유제품 같은 동물성 단백질을 매일 섭취하는 비중이 60%나 된다. 단백질에서 필요한 아미노산을 섭취하지 못하면 뇌 속 물질을 만들지 못해 인지 기능이 저하되고 노인 뇌가 가속화된다. 채식주의는 오히려 뇌졸중(뇌 혈관이 막히는 질병) 위험을 높인다는 연구도 있다.

# 인본주의의 인과응보적인 정죄

엘리후는 절대적인 무한성을 지닌 하나님께서는 유한한 인간의 선악에 영향을 받지 않으실 뿐 아니라 인간은 그 어떤 행실로도 하나님의 사역에 영향을 미칠 수 없다고 역설하며 욥의 두 가지 주장에 대해 이의를 제기하고 있다.

① 그는 욥이 '나는 하나님보다 의롭다'(욥 35:2)라고 했다고 한다. 그러나 욥은 그런 말을 한 일이 없고 다만 '나는 하나님 앞에서 의롭다'(70인역)라고 말했을 뿐이다(욥 9:22-23, 10:3, 12:6). 욥은 자신이 혹독한 재난을 당할 만한 죄를 범하지 않았다고 말했을 뿐인데 엘리후가 과장해서 해석한 것이다. 현대의 사제나 가르치는 장로(목사)들이 예의주시해야 할 내목이기도 하다. 하나님의 말씀을 비틀이 왜곡

된 속임수로 성도들을 속여서는 안 된다. 대부분 이단 사이비들이 주로 사용하지만, 기독교로 위장한 자들이 가르침과 그 삶이 다른 것 역시 신자들을 속인 것이다.

② '믿음은 무익하다'(욥 35:3)는 것인데 이것은 욥이 자신을 하나님보다 의롭다고 한 근거이다. 물론 욥은 하나님께서 의인과 악인을 똑같이 보시며, 또한 자신이 지켰던 의가 자신에게 아무 유익도 가져오지 못했다고 말한 적이 있다(욥 9:21-23). 이것은 인생의 허무함과 악인이 번영하는 세상의 모순됨과 의인과 악인이 동등한 대접을 받는 것에 대한 회의와 불평을 말한 것에 지나지 않는다. 그러나 엘리후는 이를 욥이 하나님을 불의하게 만든 근거로 보고 마치 욥을 패역한 행위를 동경한 행악자인 것처럼 묘사한 것이다. 오늘날 신앙인 중에도 믿음으로 열심히 살지만 고난의 십자가에 원망과 불평을 하는 경우가 있을 것이다. 이를 보고 엘리후처럼 말을 함부로 해서는 안 된다.

엘리후는 계속해서 하나님의 영원하심과 초월적인 속성 앞에서 인간 세계에서 행해지는 선악 간의 행위는 어떤 영향력도 끼칠 수 없다, 곧 인간은 자신이 행한 작은 의에 대해 하나님께 그 어떤 보상도 요구할 수 없다고 말했다(욥 35:6). 욥이 하나님의 축복을 받기 위해 자신은 의를 힘써 행했다(욥 31:1-23)고 주장한 것을 은근히 비난한 것으로 볼 수 있다. 이는 오늘날 교회에서 여전히 행해지는 것으로, 어떤 성도가 선한 의로운 일을 했을 때 "네가 한 것이 아니라 하나님이 하셨다"라고 하거나, 선한 자를 비판할 목적으로 일명 '주하'라고 깎아내리며 비아냥하는 소리를 엘리후처럼 뱉어 댄다. 선하고 의로운 일을 했다면 칭찬과 감사를 표하며 '나도 그렇게 해야겠구나!' 하는 도전을 받기는커녕 인간의 죄성을 드러내고 있다.

'흠이 없고 올바르며 하나님을 경외하고 악을 멀리한'(욥 1:1) 욥에게 신앙의 유익 여부를 따지거나 그 의를 앞세우는 것은 무의미하다. 물론 하나님은 인간 행위에 영향을 받지 않으시는 초월적 주권자요 완전하신 분이지만, 동시에 하나님은 인격적인 분이시기에(잠 21:3; 시 45:7) 인간의 선악을 중요시하고 최종적 심판을 행하신다. 욥이 자신의 의를 변호하며 불의한 현실 상황에 대해 한탄했던 것은, 하나님의 초월적 주권을 부인하고 대항하려는 것이 아니라, 하나님께 자신의 비참한 처지를 호소하면서 그의 주권적 공의를 기대하는 소망을 표현한 것이다. 따라서 엘리후의 변론은 욥에게 적절하지 않을 뿐 아니라 부분적이고 제한적이다.

욥은 이전에 하나님께서 자신의 부르짖는 소리에 응답하지 않으시고 침묵하시는 것에 대해 괴로워하며 탄식한 적이 있다(욥 7:11-21, 10:2, 13:24 등). 이에 대해 엘리후는 그가 응답 받지 못한 이유를 크게 세 가지로 지적하고 있다. ① 엘리후는 고통을 당하는 사람은 하나님께 기도할 때 본능적인 욕구가 아닌 하나님을 정확히 아는 자세에서 기도해야 한다는 것을 역설함으로써, 욥의 기도가 응답 받지 못한 것은 단순히 고통받는 자의 본능에 의한 것이지 하나님께 대한 진실된 믿음에서 비롯된 것이 아니기 때문이라고 지적하고 있다. ② 겸손하게 하나님의 도움을 구하지 않고 교만하게 구하기 때문에 응답 받지 못한다는 것이다. 고난을 당했음에도 겸손한 모습을 보이지 않고 자신의 무죄를 항변할 뿐 아니라, 비신앙적인 자세로 자신의 극심한 재앙의 상태를 호소함으로써 기도에 응답 받지 못하는 욥의 모습을 지적한 것이다. ③ 욥이 응답 받지 못한 것이 그가 자신의 죄를 회개하지 않고 교만과 불신앙을 가지고 기도하기 때문임을 암시하고 있다. 더 나아가 욥의 교만하고 불신앙적이고 패역한 것에 비추어 볼 때 그가 당하는 고난은 오히려 가벼운 것일 뿐 아니라, 자신의 의를 주장하고 하나님을 원망함으로써 그의 교만과 악을 쌓아가고 있다고 비난하고 있다.

그러나 엘리후가 지적한 그런 이유들 때문에 하나님께서 욥의 기도에 응답하지 않으시고 침묵하셨다고 볼 수는 없다. 물론 엘리후가 다른 세 친구들보다 하나님의 의로우신 주권 섭리에 대해 한 단계 높은 신앙의 지혜를 가지고 있는 것은 사실이다. 하지만 욥의 상황 속에 담긴 하나님의 깊고 의로우신 섭리(욥 1:12)를 알지 못하고 오히려 욥을 매정하게 비판한 것은 경솔하고도 몰지각한 처사가 아닐 수 없다.

이상의 여러 사실들을 종합해 볼 때 엘리후도 세 친구들과 마찬가지로 세속적인 인과응보론의 범주 안에서 욥을 판단하는 지극히 편견적이고 제한적인 사고방식의 소유자임을 확인할 수 있다.

# 하나님의
# 교육

　엘리후는 1차 변론(욥 33장)에서 고난이 연단을 거쳐 영적인 성숙함을 준다고 했고, 2차 변론(욥 34장)에서 욥의 자기 의와 무죄에 대해 하나님의 공의를 변호했으며, 3차 변론(욥 35장)에서는 유한한 인간의 선악에 영향을 받지 않은 하나님의 절대 주권을 옹호하였다. 마지막 4차 변론(욥 36-37장)에서는 그 두 가지 속성들을 다시 말하고 있다.

　엘리후는 하나님(특히 하나님 주권, 욥 13:7, 21:22, 42:7)에 대해 할 말이 많으니(욥 32:18-20) 조금만 참고 기다려 달라고 요청하고 있다(욥 36:2). 그는 여전히 하나님을 변호하기 위해 할 말이 많이 있는데, 그의 지식은 먼 데서(자연과 역사의 넓은 지역에서 또는 하나님에게서) 가져온 것이었다. 이것은 욥이 두 번씩이나(욥 34:35, 35:16) 무식하다고 말한 것에 대해 자신은 넓은 통찰력을 가지고 있음을 빗대어 말한 것으로 추측된다.

엘리후의 첫 번째 관심사는 하나님의 의를 밝히려는 것이었다. 그가 자신의 지식과 변론이 하나님께로부터 왔다고 했지만(욥 36:3-4) 이것은 앞뒤가 맞지 않는 교만한 말이 아닐 수 없다. 왜냐하면 엘리후는 욥이 고난을 받게 된 근본적인 이유에 대해 몰랐기 때문이다. 하나님은 공정한 분이지만 전능하고 자비로운 분이시기도 하다(업신여기지 않으신다, 욥 36:5). 이것은 죄가 없는 자신이 극심한 재난을 만나 큰 고통을 받고 있는 것은 하나님께서 자신을 업신여기시는 증거라고 말한 욥의 주장(욥 10:3)에 대해 반론을 제기하는 것이다.

또한 욥은 세 친구들의 세속적인 인과응보론을 비판하기 위해, 악인이 이 세상에서 하나님의 특별한 섭리에 의해 멸망하지 않고 번영한다고 말한 적이 있다(욥 21:8-13). 이에 대해 엘리후는 하나님의 공의와 거룩성에 비추어 볼 때 하나님께서는 결코 악한 자를 살려두지 않으시지만(욥 36:6), 의인은 끝까지 지키시고 왕들처럼 존귀한 대접을 받게 하신다고 언급한다(욥 36:7). 그러나 때로 의로운 자가 사슬에 매이거나 고난의 끈에 묶여 있을 수 있다(욥 36:15, 21).

이와 같이 경건한 자들에게 고난을 주시는 것은 그들이 행한 일과 교만하게 행동한 죄악을 알게 하심과 동시에, 그들의 귀를 열어 교훈을 듣게 하시고 악행에서 돌아서도록 하기 위함이다(욥 36:9-10). 만일 그들이 순종하여 하나님을 섬기면 다시 회복되어 형통한 삶을 누리며 행복하게 여생을 보낼 수 있다(욥 36:11). 반대로 순종하지 않으면 칼에 쓰러지고 아무것도 모르는 채 죽게 될 것이다(욥 36:12, 33:18, 35:16 등). 그러므로 욥은 자신의 재난을 불경건한 사람이라는 증거(친구의 주장)로 보거나, 하나님께서 그를 버리셨다(욥의 주장)는 증거로 보지 말고, 하나님 앞에서 겸손하게 해주는 연단과 교육의 과정으로 보아야 한다.

엘리후는 죄인이 번영을 누리며 오래 산다는 욥의 주장(욥 21:7, 27-33)을 반박하고 세 친구들의 인과응보의 전통적 견해를 상당히 반영하면서도, 의인도 고난을 받을 수 있고 또 고난의 목적이 회개와 연단, 더 큰 축복으로의 회복을 위한 하나님의 섭리라고 밝힌다. 그러므로 욥을 죄인으로 정죄하기보다는 오히려 경고하고 충고하는 입장을 취하고 있다.

빌닷은 "질병이 그의 피부를 삼키리니 곧 사망의 장자가 그의 지체를 먹을 것이며"(욥 18:13)라고 말하고, 로마서에서는 "다만 네 고집과 회개하지 아니한 마음을 따라 진노의 날 곧 하나님의 의로우신 심판이 나타나는 그날에 임할 진노를 네게 쌓는도다"(롬 2:5)라고 말씀한다. 즉, 하나님께서 그들을 속박하셔도 도움을 청하지 않기에 그들의 생명은 신전 남창들(신에게 바쳐진 자, 곧 우상숭배의 타락한 의식에 바쳐진 남자나 여자, 신 23:18; 왕상 15:12)과 함께 끊어지게 된다. 그러나 고난을 올바르게 받아들이는 자는 하나님께서 그 고통으로부터 구원해 주시고 압제를 받을 때는 그들의 귀를 열어 주신다(욥 36:15). 이를 통해 엘리후는 죽음이냐, 구원이냐는 재난에 대한 마음가짐과 반응에 달려 있으며, 욥이 스스로 자신의 교만을 인정하느냐의 여부에 따라 죄인이냐 하나님의 백성이냐가 판가름 난다고 말하고 있다.

엘리후는 욥이 고난을 주시는 하나님의 뜻에 순종하지 않고 악인처럼 불평했으므로 악인에게 임하는 하나님의 진노가 임할 수밖에 없다고 말하면서, 고난 중에 욥이 취해야 할 자세에 대해 구체적으로 언급하고 있다.

① 고난은 하나님의 의로우신 섭리에서 주어진 징계이므로 그것에 대적하면 멸망 받을 수밖에 없다. 따라서 욥은 하나님께서 주시는 고난의 의미를 깨닫고 회개함으로써 구원받을 것을 교훈하고 있다. 이것은 욥이 하나님의 징계에 순종하지 않고 그것이 불의하다고 항의한 것을 비난하는 것으로 볼 수 있다.

② 욥은 자신이 죄가 없음에도 극심한 재난 때문에 고통받는 것보다 차라리 죽어 고통에서 벗어나게 되기를 원했다(욥 7:15-16, 14:13). 그러나 피조물에 지나지 않은 욥이 스스로 생명을 끊으려고 하는 것은 하나님의 주권을 침해할 뿐 아니라 하나님의 진노를 더욱 불러일으키는 어리석은 행위임을 지적하고 있나(욥 36:20).

엘리후는 욥이 죄를 회개하지 않고는 아무리 고통과 도움을 호소한다고 해도 그 고난의 상황에서 벗어날 수 없다는 사실을 거듭 강조하였다. 욥과 친구들의 변론에서 친구들은 '죄가 있어 고난받는 것이니 회개하라'라고 하고, 욥은 '내가 무슨 죄를 지었는지 그 증거를 알려 주면 시정하겠다'고 항변하고 하소연한다. 오늘날도 인생길에서 욥처럼 억울하게 정죄당하는 경우가 허다하다.

# 하늘과 땅의
# 통치자

　엘리후는 앞에서 악인과 의인을 구별하여 다루시는 하나님의 공의와 고난 중에 경계해야 할 일들에 대해 언급함으로써 고난받는 자가 마땅히 취해야 할 자세에 대해 교훈했다. 그리고 이제는 하나님의 위대하신 섭리와 권능을 여러 가지 자연 현상을 통해 설명함으로써 특히 하나님의 속성 두 가지를 강조하는데, 곧 측량할 수 없이 무한하신 섭리와 하나님의 위대함(욥 36:25-26) 그리고 온 우주를 주관하시는 공의로운 하나님의 권능이다.

　실로 무한하신 섭리와 권능으로 온 우주를 주관하시는 위대하신 하나님 앞에서 우리가 마땅히 해야 할 일은 하나님을 찬송함으로써 그분께 영광과 존귀를 돌리는 일뿐이다. 하나님의 교훈이 높고 지극함을 선언하고(욥 36:22-23), 인간에게 홀로 찬송을 받으실 정도로 높으신 하나님의 섭리를 묘사하고(욥 36:24-26), 하나님의 권능을 기상학적으로 언급해 찬송하고 있다(욥 36:27-33).

엘리후는 자연 현상을 통해 하나님의 초월적이고 무한하신 능력을 표현함으로써 하나님은 인간의 이성으로는 도저히 알 수 없는 분이심을 강조하고 있다. 그는 하나님을 세 계절의 지배자로 묘사하고 있다. 인간의 이해를 초월하는 하나님의 위대성과 영원성에 대해 진술한 후 엘리후는 가을과 여름, 겨울이라는 절기를 통해 나타난 하나님의 주권과 자비하심에 대해 시적으로 묘사한다. 하나님께서는 증기(욥 36:27)와 비(욥 37:27-28), 구름(욥 36:29), 천둥(욥 36:30, 32), 바다 등 자연의 여러 부분을 다스리신다. 자연을 지배하는 분은 가을비를 가져다 대지를 적시고 식물을 풍부하게 주시며(욥 36:27-31; 행 14:17) 심판하기 위해 천둥과 번개를 사용하신다(욥 36:32-33). 온 우주를 주관하시는 하나님께서는 때로 자연 현상을 축복 또는 심판의 도구로 사용하시므로 연약하고 허물 많은 인간은 하나님의 공의로운 섭리와 절대적인 주권 앞에서 교만하지 말고 겸손하게 순종해야 한다.

하나님의 변론자 엘리후의 변호는 창조주 여호와 하나님이 가지신 우주 만물에 대한 절대적 주권에 대하여 열거했다. 인간이 자연 현상이라 치부하는 지진은 땅이 흔들리고 갈라지는 것으로 큰 피해를 입혀 왔다. 1906년 1월 31일 콜롬비아와 에콰도르 사이의 국경에서 리히터 규모 8.8의 지진으로 사망자만 1,000명이 발생하고, 연이은 쓰나미로 500명의 추가 사망자가 발생했다. 1950년 8월 15일 티벳의 아삼에서 일어난 리히터 규모 8.5의 지진은 진원의 깊이가 약 50km 정도로 1,500명의 사망자를 냈으며, 1952년 11월 4일 러시아 쿠릴 열도 캄차가 반도의 해안으로부터 130km 떨어진 태평양 연안 세베로쿠릴스크 지진은 리히터 규모 9.9라는 규모로 2,330명 이상의 사망자가 발생했다. 1960년 5월 22일 칠레에서 있었던 리히터 규모 9.5의 지진은 하와이, 일본, 필리핀, 알래스카에도 영향을 끼쳤는데, 칠레의 해안에 25m의 엄청난 쓰나미가 밀려들어 6,000명의 사망자와 2,009만 명 이상의 이재민이 발생했다. 그리고 진앙 지점에서 10,000km 떨어진 곳에서도 10.7m 파고의 쓰나미가 일어났다. 1964년 3월 27일 알래스카에서 예수가 십자가에 못 박힌 사건을 기념하는 성 금요일에 리히터 규모 9.2의 지진으로 130명이 사망하고, 액화 현상이 발생해 땅에 균열이 생기고 수많은 구조물이 파괴되었다. 이 지진으로 발생한 해일이 미국 해변으로 몰아쳐 많은 피해를 주었다. 1965년 2월 4일 알래스카 래츠 아일랜드에서 최대 10.7m의 거대한 쓰나미가 발생해 활주로 및 건물 피해가 막심했다. 2010년 2월 27일 칠레 지진은 리히터 규모 8.8로 강력한 쓰나미가 발생하여 700명이 사망했다. 2004년 12월 26일 북수마트라섬 서부 해안에서 발생한 리히터 규모 9.1의 지진으로 10m가 넘는 쓰나미가 일어나 20만 명 이상의 사망자가 발생했다. 2005년 3월 28일 인도네시아 수마트라 대지진은 리히터 규모 8.6의 지진으로 쓰나미가 일어나 약 1,313명의 사망자, 300명 이상의 부상자가 발생했다. 2011년 3월 11일 일본 도호쿠 지방에서는 리히터 규모 9.0의 지진이 발생하여 2만 명에 달하는 사망자, 33만 명 이상의 이재민이 생겼다.

지금도 세계 곳곳에서 지진을 예고하는 신호와 여진이 나타나고 있다. 최근 러시아 우랄 지역과 카자흐스탄 북부 지역에 폭우가 내린 데다가 거대한 눈이 빠르게 녹으면서 사상 최악의 홍수가 발생했는데, 시베리아 남부 알타이산에서 발원한 오비강의 수위가 상승하면서 오비강의 지류인 이르티시강이 지나는 러시아 남부와 카자흐스탄 북부의 여러 마을이 침수되었다. 이르티시강은 세계에서 7번째로 큰 강이므로 12만 5,000명 이상이 대피해야 하는 상황이라고 설명했다. 쿠르간 주지사인 바딤 슙코프는 주민 1만 2,000여 명을 대피시켰다. 시베리아 남서부 톰스크주도 홍수로 140여 채의 주택이 물에 잠기고 80여 명이 대피했다고 지역 관리들이 전했다. 튜멘주는 토볼강 수위 상승으로 8개 마을에 대피령이 내려졌고, 이심강이 흐르는 카자흐스탄 북부 페트로파블로프스크의 일부 지역들도 완전히 침수되어 약 1,000채의 주택이 물에 잠겼고 5,000명 이상의 주민이 대피했다고 현지 당국이 밝혔다. 전력과 수도 공급도 중단됐다. 카자흐스탄은 물이 더 유입될 것으로 예상하고 서부 카자흐스탄 지역 주민들도 대피시키고 있다.

또한 AFP 통신 등에 따르면, 2024년 4월 3일 오후 2시 54분쯤 인도네시아 중부 자바 족자카르타 인근의 므라피 화산이 폭발했다. 재난 당국은 화산 정상에서 최고 3km 높이까지 화산재가 치솟는 모습이 목격됐고, 폭발이 계속되고 있다고 밝혔다. 해발 2,891m인 므라피 화산은 2010년 대폭발을 일으켜 350명이 숨지기도 했다. 1만 7,000여 개의 섬으로 이뤄진 인도네시아는 지각 활동이 활발한, '불의 고리'로 불리는 환태평양 조산대에 위치해 활화산만 120여 개에 이른다.

자연이란 넓게는 우주를 구성하는 물질과 에너지 전체부터, 좁게는 지구를 구성하는 지구 대기권, 수권, 암석권, 생물권과 같은 것을 통틀어 일컫는 말이다. 이는 하나님께서 만드신 모든 것(창 1장)으로, 하나님은 인간이 그 창조된 피조물에 굴복하거나 그것을 섬기는 것을 금하셨다(롬 1:25). 타락 이후 모든 피조물은 저주를 받아 허무한 데 굴복하고, 썩어짐의 종 노릇을 하고, 탄식하며 고통받게 되었다(롬 8:19-22). 그러나 하나님은 피조물들이 회복될 수 있는 방법을 제시해 주셨는데 그것은 그리스도로 말미암아 새로운 피조물이 되는 것이다(고후 5:17).

# 자연을 보며
## 위대하신 하나님의 섭리를 보라

죄수가 유죄 선고를 받고 수감되었다가 10~30년 지난 후 감옥에서 무죄로 풀려나는 경우가 있다. 사건 사고들에 대한 일련의 수사 과정에서 법을 통한 취조가 진행되는 동안 추정적(推定的)인 정죄로 억울하게 징계를 받은 것이라 할 수 있다. 검사는 죄가 있다고 주장하고 변호사는 무죄를 주장하거나 죄를 가볍게 하려고 하므로, 양측은 때에 따라 유도심문(誘導審問)을 하며 법정 다툼을 한다.

성경은 사람들이 하나님께서 지구의 대기를 통해 보여주신 놀라운 일을 찬양하며 하나님의 빛과 소리인 번개와 우렛소리를 듣고 두려워하였다고 말씀한다(욥 37:1). 우렛소리(천둥)는 종종 하나님의 장엄한 목소리를 나타내며(욥 37:2, 4-5), 하나님께서는 번개를 보내셔서

(욥 36:30 등 5회) 우매하고 교만한 인간으로 하여금 그 배후에서 섭리하시는 하나님의 위엄과 능력을 깨닫게 하시기도 한다. 엘리후는 이런 목적으로 나타난 현상들을 통해 하나님의 위대하심과 능력을 찬송하는 내용을 시적(詩的)으로 묘사하고, 욥에게 이제 하나님의 놀라운 일들을 곰곰이 생각해 보라고 말한다(욥 37:14-18). 그는 일련의 질문들을 통해 욥이 자연 속에 나타난 하나님의 능력에 대해 무지하다고 주장한다(욥 37:15-18).

엘리후의 질문 속에는 욥이 하나님께서 행하신 일들을 이해할 수 없다는 사실을 강조하려는 의도가 숨겨져 있다. 사람은 하나님께서 어떻게 구름을 다스리시고 번개와 빛을 일으키시며 구름을 하늘에 떠 있게 하는지 알지 못하지만, 하나님의 지혜는 온전하시며 모든 것을 아신다. 하나님의 초월적 섭리와 공의(욥 37:1-18)를 위엄 있게 묘사하고 난 후 여름을 배경으로 욥에게 직접적으로 권고한다. 말하자면 전능하신 하나님의 영광을 나타내는 무한한 대자연을 눈으로 보면서도 하나님의 섭리와 행적을 이해하지 못하는데, 어떻게 욥이 자신의 지혜를 자랑하고 하나님과의 법적 투쟁을 위해 자기 자신에 대해 진술할 수 있겠느냐는 것이다(욥 37:19-20, 13:18).

욥은 결코 하나님과 싸워 이길 수 없다. 왜냐하면 인간은 하나님에 대해 어둡기 때문에, 즉 하나님에 대해 무지하기 때문이다(욥 38:2). 욥이 원했듯이(욥 10:2, 13:3, 22) 하나님 앞에서 그분의 잘못을 고발하려는 것은 멸망 당하기를 요구하는 것과도 같다(욥 37:20). 인간은 눈을 뜨고서도 빛나는 해를 볼 수 없는데, 어떻게 하나님 앞에 서기를 원할 수 있다는 것인가? 엘리후는 바람이 지나간 후에 하늘이 맑아진다고 말하고 있는데(욥 37:21), 북쪽에서 바람이 불어오면 구름이 걷히고 눈부신 햇살이 비치는 것처럼 이제 곧 하나님이 나타나시고(욥 38-41장) 그로 말미암아 욥이 회복될 것임을 암시하고 있다.

엘리후는 마지막으로 하나님을 경외하고(욥 1:1) 스스로 지혜롭다고 하는 교만을 버릴 것을(욥 33:17, 36:9) 암시적으로 지적한다. 욥에게 더는 자신의 의를 주장하지 말고 겸손히 허물을 인정하고 공의의 하나님만 경외하고 그에게 순종할 것을 촉구하고 있는 것이다. 욥은 엘리후가 말한 후 아무 말도 하지 않았는데, 아마도 엘리후의 말 가운데서 어느 정도 진리를 깨달았기 때문인 것 같다. 엘리후의 메시지는 분명하다. 곧 하나님의 길은 인간이 이해할 수 없으므로 하나님의 공의는 의문시되어서는 안 된다. 재난은 교만을 제거하고 사람들이 더 심한 난관에 빠지지 않게 해준다. 그러므로 하나님을 비난하거나 시험해서는 안 되며 오히려 경배하고 찬양해야 한다는 것이다.

여기에서 엘리후의 변론은 창조주 하나님의 섭리가 지극히 당연한 이치를 자연계를 통해 설명하며 하나님께 순종하라는 것이다. 즉, 지금 욥이 모든 재산이 없어지고(패망), 자녀들이 모두 죽고, 심지어 욕창으로 고통당하는 것은 하나님의 섭리이므로 자연에 순응하는 것처럼 순종으로 받아들이라는 것이다. 그동안 욥은 "내가 무엇을 잘못했습니까? 그 잘못을 알려 주시면 회개하고 수정하며 변상도 하겠습니다" 하며 하소연했다. 그러나 친구들은 하나님의 자연계 섭리에 인간이 순종하고 살아가듯이 욥도 자신이 당한 고난을 참고 견디며 순종하면 회복시켜 주신다고 변론한다.

러시아의 근대 문학가 알렉산드르 푸시킨은 이렇게 말했다.

"삶이 그대를 속일지라도 슬퍼하거나 노여워하지 말라. 슬픔의 날 참고 견디면 기쁨의 날이 오리니, 마음은 미래에 살고 현재는 늘 슬픈 것. 모든 것은 순간에 지나가고 지나간 것은 다시 그리워지나니, 삶이 그대를 속일지라도 노하거나 서러워하지 말라. 절망의 나날 참고 견디면 기쁨의 날 반드시 찾아오리라. 마음은 미래에 살고 현재는 언제나 슬픈 법. 모든 것은 한순간에 사라지지만 가버린 것은 마음에 소중하리라. 우울한 날들을 견디며 믿으라, 기쁨의 날이 오리니. 모든 것은 순간적인 것, 지나가는 것이니 그리고 지나가는 것은 훗날 소중하게 되리. 설움의 날을 참고 견디면 기쁨의 날은 오고야 말리니."

# 죄 없는 자가
# 먼저 돌로 치라

　선입견이란 사람, 사물, 주의 등에 대해 실제 경험보다 먼저 마음 속에 부정확하게 알고 형성된 고정적인 관념이나 견해를 말한다. 선입견은 사실과 다른 인식으로 인해 오해와 대립을 일으키거나 편견을 빚어갈 수 있어 주의를 기울여야 한다.

　성경에서 엠마오로 내려가던 두 제자 중 글로바는 스승인 예수님이 십자가에 못 박혔다 함을 알지 못하였다. 예수님을 하나님과 모든 백성 앞에서 말과 일에 능하신 선지자로 알고(눅 24:13-27) 있었기 때문이다. 이것도 편견이다.

　편견으로 인한 또 다른 음모를 살펴보자. 예수님이 성전 마당에서 하나님 나라에 대하여 가르치실 때 사람들이 간음하다 잡힌 여자를 끌고 왔다. 이 여인은 돌을 들고 곧 죽일듯이 노려보는 성난 군중에 둘러싸여 얼마나 무서웠을까? 그런데 간음한 여인이 겪은 수치, 상처, 괴로움 뒤에는 교활한 음모가 있었다.

① 간음 현장에서 붙잡혔다는 것이 수상하다. 그것도 바리새인과 서기관들에 의해 체포됐다고 하니 더욱 수상하다. 이것은 분명 어떤 음모가 있다는 증거로 바리새인과 서기관들이 현장을 덮쳐 데려왔다(요 8:3)는 것은 이것이 계획적이라는 사실을 보여준다.

② 간음한 남자는 없고 여자만 끌려왔다는 점도 이상하다. 간음은 남녀가 함께 짓는 죄이지 혼자서 지을 수 없음에도 여인만 잡혀온 것은 이 여인을 희생양으로 삼으려는 어떤 음모가 숨어 있음을 짐작하게 한다. 그래서 남자는 빼고 여인만 데려온 것이다. 이 여자를 끌고 온 목적은 예수님을 고소할 구실을 찾기 위해서이다. 예수님을 어떻게든 책잡고 올무로 옭아매 죽이려고 이 같은 사건을 만든 것이다.

그들은 여자를 예수님께 끌고 와서는 이 여자를 어떻게 해야 하느냐고 물었다. 이렇게 질문함으로써 예수님을 매우 난처하게 만들었다. 사형 집행권은 로마 정부에만 있었으므로 "돌로 쳐라"(요 8:5) 하면 당시의 로마법을 어기게 된다. 만약 예수님이 "쳐라" 해서 돌로 치는 날이면 로마의 법을 정면으로 어긴 것이 되기 때문에 고소거리가 된다. 반대로 예수님이 자비로운 마음으로 "치지 말라" 하면 모세의 율법을 어기는 것이 된다. 모세의 율법은 이런 죄인은 돌로 쳐 죽이라고 했다. 당시 예수는 많은 사람들이 메시아라고 알고 있었기에 "치지 말라" 하면 모세의 법을 어긴 사람이 되고, 바리새인과 서기관들은 그것을 빌미로 그를 로마 법정에 고발하려고 했다.

그런데 예수님께서는 "너희 중에 죄 없는 자가 먼저 돌로 치라"(요 8:7)라고 하셨다. 그랬더니 사람들이 자신의 죄를 깨닫고 가책을 느껴 하나씩 돌아가고 말았다. 모두 돌아가고 그 자리에는 여인만 남았다(요 8:9). 예수님은 여자에게 "나도 너를 정죄하지 아니하노니 가서 다시는 죄를 범하지 말라"(요 8:11)라고 말씀하신다.

사람은 누구나 자기 허물이 숨겨졌으면 하는 마음이 있다. 죄를 어떻게든 감추고 싶어 거짓말도 한다. 반대로 자기의 좋은 점들, 잘한 것들은 많은 사람들에게 인정받고 알려지기를 바라는 마음이 있다. 그런데 자기의 허물은 숨겨졌으면 하면서 남의 허물은 드러날수록 기뻐하며 나팔을 불고 다닌다. 정죄하고 비난한다. 당사자가 그 일로 인하여 죽을 맛이든 충격으로 쓰러지든 상관하지 않는다.

우리 모두는 허물과 죄에서 벗어날 수 없다. 그러니 실수로 나타난 허물과 죄는 서로 용서하고 사랑해야 한다. 하지만 죄가 되는 것을 뻔히 알고 하는 미필적고의나 습관적 또는 병적 행위는 용서받을 수 없는 징계 대상이다. 사람들은 자신의 죄는 별것이 아니라고 여기고, 남의 죄는 죽을 죄로 보는 경향이 있다. 자신은 그럴 수밖에 없었다고 합리화하고, 어쩔 수 없었다고 변명을 한다. 그러면서도 다른 사람이 죄를 짓는 것은 무조건 절대로 그래서는 안 되는 것으로 단정한다. 그래서 무자비하게 돌을 들어 던진다. 사회뿐 아니라 가정에서도 서로 돌을 던진다. 교회에서도 마찬가지이다.

예수께서 이 여인에게 "나도 너를 정죄하지 아니하노니"라고 하셨다. '내가 너를 용서한다'라는 말이다. 여기에 구원이 있고 놀라운 은총이 있는 것이다. 예수님의 지적을 받고 자취를 감춘 많은 사람들은 양심의 가책은 느꼈으나 회개할 생각은 없었던 것이다.

용서받은 사람은 새 삶을 살아야 한다. 예수님은 여인에게 용서를 선언하시는 것만으로 끝내지 않았다. "다시는 죄를 범하지 말라"라고 하셨다. 예수님은 여인이 용서받은 후 새로운 삶을 살도록 격려하신다. 그렇다. 죄 사함은 구원의 은총이다. 우리가 죄 용서를 받음은 이제부터 새 삶을 살기 위함인 것이다.

추운 겨울에 한 할머니가 배고파서 빵을 훔치다가 붙잡혀 재판을 받게 되었다. 할머니의 딸은 아파 누워 있고, 사위는 도망가 버렸고, 너무 배고파하는 두 손자 때문에 할 수 없이 빵을 훔쳤다는 것이었다. 이 재판정을 책임지고 있던 라과디아 판사는 고심 끝에 10달러의 벌금형을 내리면서 이렇게 말했다.

"이 노인의 범죄에는 나도 책임이 있습니다. 그래서 이 10달러는 제가 내도록 판결합니다. 동시에 여기 계신 마을 분들도 무죄하지 않다고 판단되어 모두에게 50센트 이상의 벌금을 선고합니다. 여러분의 벌금은 이분의 새로운 삶을 위한 것입니다."

이 명판결에 방청객이 모두 자리에서 일어나 라과디아 판사에게 경의를 표하며 자발적으로 주머니에 돈을 모아 노파에게 건네주었다. 당시로는 적지 않은 액수인 47.50달러를 건네받은 노파는 눈물을 글썽이며 새로운 생활을 다짐하며 법정을 떠났다.

예수님은 우리의 죄를 용서하실 뿐 아니라 우리로 새롭게 변화된 삶을 통해 죄의 권세를 이기며 살아가도록 격려하신다. 즉, 모두 죄를 버리고 다시 옛 생활로 돌아가지 않기를 바란다. 이때 이 여인만 홀로 죄 용서를 받고 구원받았다. 예수님은 명확하게 드러난 죄도 정죄하기보다는 용서하고 다시 기회를 주신다. 우리도 이 여인처럼 예수님을 만나 죄를 고백하고 예수님의 용서를 경험하고 죄를 버려 새출발해야 한다.

# 용서하는
# 배려

　상대방을 인정하는 배려는 정신적인 태도라기보다 오히려 행동의 형식이자 응용적이고 규칙화된 경계 행위이다. 우리는 언제 가장 불행해질까? 다른 사람들의 눈치 보느라 정작 자신을 위해서 살지 못할 때이다. 그렇다면 언제 가장 행복해질까? 다른 누구보다 자신을 잘 돌보며 먼저 배려할 때일 것이다. 배려한다는 것은 타인이든 자신이든 그 대상을 친절하고 상냥하게 대하는 것이다.

　배려는 특정한 대상을 도와주거나 보살펴 주려는 마음이다. 진정으로 누군가를 돕고 보살핀다는 것은 상대와 그 상대가 처한 상황에 따라 달라질 수밖에 없다. 배고픈 아이에게는 먹을 것을 주는 것이 배려인 것처럼, 체력이 약한 이에게 운동을 상권하는 것 역시 배려이다. 더위에 지친 아이에게 차가운 음료를 주는 것이 배려인 것처럼, 감기에 걸린 아이에게서 아이스크림을 뺏는 것이 진정한 배려이다. 이처럼 진정한 배려는 때로 불친절이나 가르침 혹은 강압적인 양상으로 드러날 수 있다.

그러나 '제니게바'(일본 드라마)의 "내가 돈에 집착하는 것은 어려서 가난했기 때문이야"라는 식의 말이나, 성경에서 "하나님께 드렸다(고르반)"라고 하면서 부모를 봉양하지 않는 것 등 자신의 문제를 합리화, 정당화하려는 태도는 결코 '자기 배려'가 아니다. 자기 배려란 자신을 불친절하게 다그치고 강압적으로 대하는 태도이다. 그래서 예수님께서는 고르반을 악용해서 부모를 공경하라는 하나님의 법을 지키지 않는 죄를 지적하셨다(막 7:7-13).

그렇다고 자신을 부정하거나 학대하는 태도는 결코 아니다. 오히려 진정으로 자신을 긍정하며 돕고 보살피는 태도에 가깝다.

프랑스 철학자 미셸 푸코는 이런 수행을 '자기 실천'이라고 말한다. 푸코에 따르면 자기 본래의 회복을 위해 진정한 나로 돌아가는 과정이다. 사람마다 "나는 차분한 사람이야", "나는 다혈질이야", "나는 돈이 가장 중요한 사람이야", "나는 운동과는 관계없는 사람이야", "나는 사람들과 마찰을 빚기보다 원만히 지내고 싶은 사람이야" 등 자신이 어떤 사람인지에 대해 잘 알고 있다. 하지만 이런 자신에 대한 앎은 단지 (믿고 싶은) 믿음일 뿐, (알아야 할) 진실이 아니다.

왜냐하면 우리의 인생은 그 시작부터 특정한 훈육(가정, 학교, 국가 등)에 의해 특정한 자아가 자리 잡았고, 그런 자아를 '나'라고 믿고 있을 뿐이다.

훈육된 '자아' 안에는 언제나 오류, 왜곡, 악습, 의존성이 도사리고 있기 때문이다. 그러므로 기존의(차분한, 다혈질, 원만한, 계산적) '나'를 진정한 '나'라고 믿는 것은 훈육된 자아에 똬리를 틀고 있는 오류, 왜곡, 악습, 의존성을 넘어서지 못한 결과일 뿐이다.

우리는 자기 실천을 통해 우리 안에 있는 오류, 왜곡, 악습, 의존성을 넘어서야 한다. '자기 실천'은 분명 불편하고 불쾌하며 낯설고 고될 수 있다. 하지만 이는 우리 삶이 결코 우회할 수 없는 실천 중 하나인 '자기 실천'을 통해서만 우리 내면 깊은 곳에 가해진 훈육으로 인해 결코 드러날 기회가 없었던 자신의 모습을 발견하고 긍정할 수 있기 때문이다.

성경은 인간을 절대적으로 용서가 필요한 자로 보고 있으며, 하나님을 사랑과 자비가 많은 분으로 묘사하고 있다(애 3:22). 잘못 행하는 것을 용납해 주거나 면제하는 '용서'는 빚을 없애 주는 것을 말하며, 분노함을 포기하는 것을 말하기도 한다. 세계 종교들 가운데 오직 유대교와 기독교만 하나님을 용서하는 분으로 묘사하고 있다. 인간은 범죄하였고 또 형벌을 받기에 합당하지만, 하나님은 사랑 가운데서 용서하시고 관계를 회복시키신다(창 4:15).

구약과 신약은 인간을 하나님의 요구에 응하지 못하고 고의적으로 잘못을 범하는 죄인으로 묘사하며, 죄인으로서 인간은 하나님으로부터 소외되었고 또 적대적이 되었다(롬 5:10; 골 1:21; 엡 2:1-3). 조화를 이룬 관계가 다시 확립되기 위해서는 하나님과 인간을 분리시킨 죄의 문제를 다루지 않을 수 없는데, 이 부분에 대해서 ① 신구약 성경은 먼저 하나님은 우리에 대한 그분의 사랑 때문에 기꺼이 용서하신다고 말씀한다. 다니엘은 그의 고백의 기도 가운데 "우리가 주 앞에 간구하옵는 것은 우리의 공의를 의지하여 하는 것이 아니요 주의 큰 긍휼을 의지하여 함이니이다"(단 9:18)라고 외쳤다. ② 구약에서 속죄의 제사는 그리스도께서 자신의 몸을 제물로 드리는 궁극적인 제사를 예표하고 있다. 하나님은 그의 아들 안에서 행동하셨고, 또 이제는 그의 육체의 죽음으로 말미암아 화목케 하사 우리를 거룩하고 흠 없고 책망할 것이 없는 자로 그 앞에 세우고자 하셨다(골 1:22). 신약이 계속해서 확증하고 있는 것처럼, 그리스도 안에서 우리는 구속 곧 죄 사함을 얻었다(골 1:14). ③ 하나님의 용서는 믿음으로 받아들여진다는 것이다. 용서를 받아들일 수 있도록 인간 편에서 할 수 있는 일은 아무것도 없다. 우리는 오직 기쁘게 하나님이 우리에게 거저 주시는 선물을 믿음으로 받을 뿐이다(엡 2:8-10). 용서받은 죄는 그리스도께서 십자가로 가져가 거기서 완전히 값을 지불하셨기 때문에 다시 우리를 정죄할 수 없다. 신자들을 다시 송사할 수 없는 이유는 죄를 그리스도께로 가져간 사람들을 하나님이 의롭다고 선언하셨기 때문이다(롬 8:30).

용서는 하나님을 사랑하는 것과 연결되어 있는데, 즉 용서를 받은 사람은 자기가 용서받은 만큼 하나님을 사랑하게 된다고 예수님이 말씀하셨다(눅 7:36-50). 히브리서 9장 11-14절은 그리스도의 피가 우리의 양심을 깨끗하게 하고, 하나님을 섬길 수 있도록 우리를 자유롭게 하신다고 말씀한다. 이것으로 인해 우리는 과거를 잊을 수 있고 담대하게 미래를 바라볼 수 있다.

우리는 하나님이 우리를 대하시는 것과 같이 다른 사람들에게도 동일하게 대해야 한다.

> "서로 친절하게 하며 불쌍히 여기며 서로 용서하기를 하나님이 그리스도 안에서 너희를 용서하심과 같이 하라"(엡 4:32).

비록 그리스도인은 그리스도의 단 한 번의 속죄로 과거, 현재, 그리고 미래의 죄에 대해서 용서받은 사람이지만, 죄를 범하는 사람은 하나님과의 교제를 상실하게 되고 또다시 죄책감에 빠지게 될 것이다(시 51:11). 그러므로 죄를 지을 때마다 하나님께 고백해야 한다(요일 1:5-2:1). 그러면 주님은 미쁘시고 의로우사 우리 사하시며 모든 불의에서 우리를 깨끗게 하실 것이다(요일 1:9).

그러나 용서받지 못하는 죄도 있다. 예수님은 바리새인들에게 그들이 사탄의 능력으로 기적을 베푼다고 책망하시면서 용서받지 못하는 죄를 지적하셨다(마 12:31; 막 3:28-29; 눅 12:10). 우리는 그리스도 안에서 죄를 용서받을 때 하나님의 사랑을 깨닫게 되며, 과거의 죄책감으로부터 해방될 뿐 아니라 다른 사람들을 용서하게 될 것이다.

# 입법자이시며 판결의 권위자이신 하나님

　성경에서 욥이 재물과 자녀를 모두 잃고 육신의 피부병으로 심한 고통을 받는 고난에 대하여, 욥의 세 친구 빌닷, 소발, 엘리바스가 하나님의 변론자로 나선다. 그들은 무소불위하신 주권으로 우주 만물을 간섭하고 섭리하시는 여호와 하나님은 죄 있는 자만 징계하신다는 인과응보론으로 욥을 더 힘들게 하며 괴롭혔다. 그들 모두 욥을 위로한다고 와서는 오히려 욥에게 무슨 죄를 지었는지 밝히라고 했고, 욥은 자신이 무슨 죄를 지었는지 알려 달라며 쟁론한 끝에, 드디어 하나님께서 여호와 곧 스스로 존재하시는 자존자의 이름으로 나타나 욥에게 어떤 변론에 의해서도 비판받을 수 없는 궁극적 판결의 권위자이자 입법자로서 자신을 언급하신다.

하나님께서는 강력한 비바람을 동반한 폭풍우로 욥의 아들과 딸들의 생명을 거두신 적이 있다. 하나님께서는 두려운 상황을 연출하시기 위해 폭풍을 사용하시기도 하는데(출 19:16-17; 왕상 19:11-13), 이때 욥에게도 하나님의 말씀을 동반한 격렬한 폭풍이 있었다. 전자의 폭풍이 개인에게 슬픔을 안겨다 준 파괴적인 것이었다면, 후자의 폭풍은 개인의 순종을 가져다 준 생산적인 것이었다. 이때 하나님께서 욥에게 폭풍 가운데서 나타나 말씀하신 것은, 하나님께서 창조하신 자연 세계가 하나님의 현현을 알리는 도구가 될 수 있음을 시사하고 있다. 이를 통해 하나님께서는 하나님을 만나 뵙기를 간절히 원했던 욥의 소원을 들어주셨을 뿐 아니라, 피조물인 인간이 하나님의 위대한 섭리를 깨달을 수 없음을 교훈해 주고 있다.

지금도 우리는 광야 같은 여정을 걷고 있다. 경제적, 인간적, 자연적 환경에서 사탄이 놓은 올무에 걸려 때로는 너무 억울한 일을 당하며 외로운 투쟁을 하고 있는데 이런 고통이 있다면 이 속에서 과연 나는 어떻게 대처하며 처신하고 있는지 자신을 알아야 할 것이다. 원망과 불평이라는 증오를 품고 있지는 않은지, 자신의 죄와 허물을 덮기 위해 거짓말과 속임수로 변명하고 회피해 버리지는 않았는지 스스로에게 솔직해야 한다.

먼저 하나님께서 욥을 책망하셨는데, 그 이유는 욥이 하나님의 깊으신 뜻과 다양한 계획을 깨닫지 못하고 자기에게 닥친 가시적인 현실만 보고 하나님의 섭리를 인정하지 않았을 뿐 아니라 하나님의 공의에 대해 회의를 품었기 때문이다(욥 19:7-12, 24:1-12). 또한 연약한 인간에 불과한 욥이 자신의 의를 지나치게 내세우고 죽음을 갈망했기 때문이다(욥 7:15-16, 27:5-6). 그리고 그에게 겸손하게 대답할 것을 요구하셨다(욥 38:3).

욥은 자신의 의로움을 확신하고 불만을 토로하면서 하나님과의 변론을 원했지만(욥 9:32-35, 13:3 등), 막상 하나님을 만나 대답을 요청 받았을 때는 한마디도 대답하지 못했다(욥 40:4-5). 창조주이신 하나님의 크고 놀라운 섭리의 지혜 앞에서 욥은 한낱 연약하고 무지한 피조물에 지나지 않았기 때문이다. 그러므로 그는 용사가 전쟁터에 나갈 때 무장하듯(출 12:11; 렘 1:17) 허리를 묶어야만 했다. 한편 이것은 욥이 항변했던 대로 하나님께서 욥과 더불어 논쟁하실 것임을 나타내는 표현이기도 하다(욥 10:2, 13:22). 이로 말미암아 욥의 교만은 꺾이고 욥은 하나님의 위대하신 통치의 섭리를 깨닫게 될 것이다.

우리도 나그네 인생길에서 하나님의 주권과 예수님의 십자가 구속의 은총을 알고 있지만 개개인의 삶에서 표출되는 불평과 원망으로 분노하거나 실망함으로 교회에 출입하면서 때로 하나님께 따지며 강압적으로 요구한 것은 없었는지 자신을 성찰하며 참회해야 할 것이다. 자신을 속였다고 하나님까지 속이지는 못하기 때문이다.

욥은 하나님께서 무죄한 자신에게 재난을 주시는 것이 부당하다는 것을 따지기 위해 법정 공청회를 열고 하나님께서 직접 답변해 주시기를 원했다(욥 9:35, 13:3, 22). 그러나 하나님께서는 욥의 청원에 답변하시는 대신 오히려 욥에게 소환장을 발부하셨다. 그리고 재난의 원인과 역할에 대해 설명하시는 대신 자신에게 도전하는 욥을 꾸짖으셨다. 이제 하나님께서는 우주론과 해양학, 기상학, 천문학 등에 대한 질문들을 통해 욥이 하나님 자신의 세상 통치를 판단할 능력이 있는지를 물으셨다. 하나님은 반어법을 이용해 욥의 무지를 지적하신다(욥 4:8의 '보아라', 5:21의 '아느냐?'). 피조물인 우리는 하나님의 말씀에 대해 비틀어 오해하거나 감정에 사로잡혀 그 뜻을 왜곡하는 우를 범하지 말아야 한다. 설교도 본문 말씀 중심을 떠나 여기저기 기웃거리며 짜깁기로 방황하는 일이 없어야 한다. 그런데 아직도 비틀어진 세속적 이야기에 무조건 '아멘' 하며 동조하는 무리들이 있으니 참으로 애석할 따름이다.

'그러할지어다'란 의미를 가진 '아멘'이란 감탄사는 그리스 초기 교회 당시 유대교로부터 유입되었다. 그 후 '아멘'은 그리스로부터 서양 각국의 언어로 흘러들어 갔다. 성경에서 예수는 제자들을 가르치실 때 그들의 경각심을 불러일으키기 위해 '아멘 레고 휘민'이라는 표현을 자주 사용하였다. '아멘'은 '진실로'를 의미하는 것으로 '내가 진실로 너희에게 말한다'로 번역된다. 그래서 무조건 '아멘'이라고 응답하는 것에 조심해야 한다.

# 우주 만물의 주관자에게
# 따지지 말라

하나님은 욥의 고난 문제에 대해 직접 답변하기보다는 오히려 한계가 많고 무능하며 무지한 인간임을 자각케 하기 위해 욥에게 도전적인 질문을 던지셨다.

① 땅의 창조와 조성 원리(욥 38:4-7) – 인간적으로 땅의 기초와 모퉁이 등과 같은 전문적인 건축 용어를 사용함으로써, 땅이 세밀한 측정과 계획에 의해 창조된 것을 알지 못하는 인간은 전지전능하신 하나님과 비교될 수 없음을 강조하신다. 사실 욥은 하나님께서 우주 만물을 창조하실 때 그 자리에 없었으므로 하나님께서 질문하시는 것에 대해 대답할 수 없었다.

② 바닷물의 운행자(욥 38:8-11) – 땅의 기원은 마치 선물의 건축처

럼 묘사되었지만 바다의 기원은 출생에 비유하여 언급하셨다. 마치 어린아이가 태어남같이(욥 38:29) 하나님께서 대양과 바다, 호수를 창조하실 때 욥은 하나님의 조산실(助産室)에 있지 않았다. 하나님께서는 해안선을 이용해 신생아인 물들의 한계를 정하셨고, 그 한계가 정해졌으므로 이제 더는 물이 지구 전체를 덮지 못한다. 이와 같이 하나님께서는 거대하고 장엄한 바닷물의 흐름을 통해 피조물계에 구체적으로 개입하셔서 통치하신다는 것을 보여주고 있다.

③ 빛과 어둠의 근원과 조성(욥 38:12-15) - 아침은 욥이 태어났던 날에 시작된 것이 아니라 이미 그가 태어나기 훨씬 이전부터 하나님의 창조의 섭리에 따라 있었다. 하나님께서는 낮과 밤의 순환 원리에 관해 질문하심으로써 어둠으로 상징된 악의 세력까지 다스리시는 능력자이심을 나타내신다.

④ 땅과 바다의 근원과 광대함(욥 38:16-18) - 사람은 깊은 물 밑으로 들어가지 못하는 것처럼 육지의 몇 배나 되는 넓은 바다의 창조와 근원을 알 수 없다. 따라서 하나님께서는 바다를 다스리는 자가 누구인지 질문함으로써 하나님을 대면하여 따지려고 한(욥 31:35) 욥의 태도가 얼마나 어리석은 것이었는가를 깨닫게 하신다.

⑤ 빛과 어둠의 근원과 조성(욥 38:19-21) - 하나님의 창조 섭리에 따라 밤낮이 서로 바뀌는 현상에 관해 시간과 공간적으로 제약을 받는 인간의 사고로는 그 근원과 조성된 과정을 알 수 없다. 더욱이

하나님께서는 낮과 밤을 교차하게 하는 일을 욥이 결코 할 수 없다는 사실을 깨닫게 함으로써 하나님의 주권적 섭리를 알려고 하는 것이 얼마나 어리석은 일인가를 일깨워 주신다. 여기에서 눈과 우박이 마치 곳간에 저장되어 있다가(시 33:7; 렘 10:13) 하나님께서 원하실 때 풀어놓는 것처럼 묘사되어 있다. 욥은 하나님께서 어떻게 눈과 우박을 만드시는지 알 수 없었으며, 또한 하나님께서 어디에 번개 빛을 베푸시며(욥 36:30, 32 등) 어디로 바람(동풍)이 불게 하실지 예고할 수도 없다. 더욱이 비와 얼음(욥 36:27-28, 37:6, 10 등)에 대한 하나님의 길은 사람이 이해할 수 없다. 오직 하나님만이 비와 우레(욥 28:26)가 내리도록 하늘의 길을 내시며, 사람은 하나님께서 광야와 토지 중 어디에 비를 내리시는지 알지 못한다.

하나님께서는 다시 출생의 비유를 이용하여(욥 38:8) 욥에게 비와 이슬에게 아버지가 있으며 얼음과 서리는 어머니를 갖고 있음을 아느냐고 물으신다. 이것은 자연 세계를 변화시키는 하나님의 능력을 부각시킴으로 하나님께서 하시는 일에 경외심을 가질 수밖에 없는 인간 존재의 일상을 나타내고 있다. 하나님께서 만들어 놓으신 별들(북두칠성, 오리온, 자라, 큰곰자리 등)의 위치와 별자리의 모양을 변경시킬 만한 존재는 아무도 없다는 사실, 즉 하나님의 놀라우신 섭리와 능력을 올바르게 깨달을 수 있는 자는 아무도 없음을 강조하고 있다. 그리고 욥이 하나님께서 별과 행성, 달을 통제하시는 하늘의 운행 법칙을 알지 못하면서 어떻게 하나님께서 인류를 다스리시는 섭리와 법칙에 대해 헤아릴 수 있겠는가? 더 나아가 하나님께서는 욥이 자기 의지대로 비를 내리거나 번개가 치도록 명할 수 없음을 지적함으로써 그의 무능력과 무지를 드러내도록 하고 있다.

끝으로 생물계에 대한 하나님의 질문(욥 38:39-39:30)에서, 여섯 종류의 짐승과 다섯 종류의 새, 그리고 한 가지 곤충 등 열두 생물은 모두 다 하나님의 창조 능력과 섭리에 의해 보살핌을 받는 것들이다. 처음 두 동물(사자와 까마귀)에게 사람은 결코 음식을 공급하지 못한다(욥 38:39-41). 사람들은 그것들의 새끼가 태어나는 때를 알지 못하고(욥 38:1-4), 또 그들을 놓아주거나 길들이지 못하며(욥 38:5-12), 그들에게 그들이 행하는 여러 방법들을 알려 주지 못하고(욥 38:13-25), 그들에게 날 수 있는 능력을 주지 못한다(욥 38:26-30). 따라서 하나님께서는 욥에게 어떤 면에 있어서는 짐승들보다 못하다는 점을 일깨워 주고 있다. 욥은 사자나 까마귀에게 먹을 것을 주지 못하지만, 하나님께서는 자신의 은혜롭고 자비로운 섭리로 그것들을 보살피시고 먹이신다. 이를 통해 하나님께서는 인간의 나약함과 제한성을 부각시킴과 동시에 창조의 질서 가운데 생명을 유지시키는 능력을 강조하신다.

따라서 하나님께서는 이러한 질문들을 통해, 지극히 보잘것없고 무지한 인간(욥)이 그와 같이 광대하시고 오묘하신 하나님의 주권적 섭리에 대해 논쟁을 벌인다는 것이 얼마나 어리석고 무가치한 것인가를 교훈해 주신다.

# 생물계에 대한
# 하나님의 지혜로운 섭리와 권능

중동 지방의 들염소(아마도 누비아의 야생 염소)와 암사슴은 모두 높고 험악한 산악 지대에 살며, 빠르고 겁이 많은 동물이어서 좀처럼 보기가 힘들다. 특히 암사슴이 새끼를 낳는 것을 본 사람은 거의 없다. 욥은 어떤 짐승이 어느 때에 새끼를 낳는지, 임신하는 기간도 알지 못한다. 그러나 분명히 들염소와 암사슴은 하나님의 보살핌 속에서 새끼를 낳으며, 새끼들은 어느 정도 자라면 어미를 떠나 스스로 생계를 유지해 나간다(욥 38:41, 39:40). 이것은 야생 동물들의 일반적인 생태이다.

들나귀는 사하라 사막과 아라비아, 시리아 등에 서식하며 색깔은 불그스름하다. 산이나 들에서 살며 말보다 더 빨리 달리기 때문에 사육하기가 매우 어렵다. 하나님께서는 들나귀에게 자기들이 살고 싶은 곳에 살게 해주심으로써 주인으로부터 이리저리 끌려다니며 길들여지는 고통으로부터의 자유함을 주셨다. 스스로 살아가는 들나귀는 사납고 자유분방한 특성이 있으며, 사람들이 살기 힘든 광야(욥 24:5; 렘 17:6)나 염분이 있는 땅(시 107:34)에서 산다.

들소는 두 뿔을 가진 위험한 동물(신 33:17; 민 23:22)이며, 길들이기가 매우 어려운 것으로 알려져 있다. 하나님께서는 욥에게 들소를 복종시킬 만한 힘이 있고, 또 들소가 욥에게 순종할 수 있겠느냐고 물으신다. 이와 같이 인간은 한 마리의 짐승조차도 마음대로 다스리지 못하는 연약한 존재에 지나지 않으며, 오직 하나님만이 그런 동물들을 통제하고 생존하도록 도와주실 수 있다. 이와 같이 하나님께서는 욥의 주변에는 인간의 힘과 지식으로는 다스릴 수 없는 동물들이 많다고 말씀하심으로써 계속해서 욥의 연약성을 지적하셨다.

한편 욥은 고통 가운데서 스올(음부)을 하나님으로부터 자유할 수 있고 더는 하나님의 소리가 들리지 않는 자유의 장소로 생각하고 그곳으로 가기를 갈망한 적이 있다(욥 3:17-19). 말하자면 이는 죽음을 자유와 평등이 무덤까지 실현되는 곳으로 인식하고 있음을 나타낸다. 그러나 이러한 욥의 생각과는 달리 하나님께서는 다루기 힘든 들나귀와 들소의 생태를 보여줌으로써 자신이 땅에서 사는 생물들에게 자유의 질서를 부여하여 피조 세계를 다스리고 계심을 입증해 보이시고, 이를 통해 자유에 대해 오해하고 있는 욥을 일깨우고 권고하려고 하셨다. 앞서 다양한 동물계의 예시를 통해 하나님은 자신의 지혜와 속성에 대해 묘사하셨고, 이어서 타조와 말을 보살피시는 하나님의 절대적인 주권과 무한하신 능력을 언급하신다. 이를 통해 욥으로 하여금 자신의 한계와 무지함을 깨닫도록 하고 있다.

타조는 날지는 못하나 말보다 빠른 특이한 새이며, 무게는 110~150kg, 키는 2.5~4m나 된다. 타조는 여러 마리의 암타조가 한 둥지에 알을 낳고, 여유가 없을 때는 둥지 밖 모래에 낳기도 한다. 알을 품기 위해 다른 타조가 둥지에 들어가고 나오다가 알을 깨뜨리기도 하고, 또 침입자들이 쉽게 발견할 수 있는 모래 위에 낳은 알은 도난을 당하거나 뜨거운 태양열에 타 죽기도 한다. 암컷들은 배가 부르면 둥지를 떠나기도 하고, 성미가 급하기 때문에 새끼가 모두 부화하지 않았는데 둥지를 버리기도 하며, 때로는 다른 둥지에 들어가 앉기도 한다. 이와 같이 새끼에 대해 무정하고 어리석은 것은 하나님께서 타조에게 지혜나 총명을 주시지 않았기 때문이다(욥 39:17; 애 4:3). 욥은 자신에게 분깃으로 작정한 것이 있는지를 어리석게 질문함으로써(욥 31:2) 자신이 가장 고귀한 형상이라는 사실을 잊어버렸다.

그리고 말은 예부터 전쟁이나 운송 수단으로 사용되었고, 힘과 빠른 속도를 상징하였다. 말은 힘이 세고 갈기를 지녔으며 메뚜기처럼 뛸 수 있는데, 콧소리를 내고 앞발을 치며, 멀리서도 싸움 냄새를 맡고 맹렬하고 대담무쌍하게 전투에 뛰어든다. 하나님께서는 말을 통해 현현(玄玄)하신 하나님의 모습을 묘사하셨다. 여기서의 힘은 하나님의 권능이며, 콧바람은 권능의 광풍이고(합 3:3), 광풍과 같은 군마 소리는 하나님의 존재처럼 두려움을 일으킨다(욥 3:25, 23:15 등). 하나님께서는 욥에게 누가 군마에게 그런 힘과 용기를 주었는지, 그리고 하나님과 대면할 때(욥 9:32-34) 느끼게 될 두려움을 어떻게 감당할 것인지를 묻고 있다.

하나님께서는 어리석은 타조(욥 39:13-18)와는 달리 매와 독수리에게는 지혜를 주셨으므로 이 새들은 태어날 때부터 슬기롭게 살아간다. 매는 매우 높게 날고 날개에 힘이 있으며(레 11:16) 겨울철이 되면 남쪽으로 이동한다(렘 8:7). 또한 독수리는 높이 날아오르고(욥 39:27) 약탈자가 접근하기 어려운 낭떠러지나 바위 끝에 둥지를 만들며(욥 39:27-28) 예리한 시력으로(욥 28:7) 멀리 있는 먹이를 잡아채 새끼를 먹이며 돌본다.

이와 같이 자연계에 나타난 하나님의 권능 앞에서 매처럼 둥지를 만들지도 못하고 독수리처럼 높게 날지도 못하는 연약하고 무지한 욥은 두려워 떨 수밖에 없는 존재인데도 자신의 본분을 잊고 하나님과 변론하려고 했다. 자연의 신비 하나도 풀지 못하고 작은 동물 하나도 순종시킬 수 없는 피조물인 욥의 무시하고 어리석은 모습을 보여주고 있다. 오늘날도 이처럼 무지몽매(無知蒙昧)하게 자만에 빠진 자들이 주위에 있으므로 삶의 현장에서마다 기도하고 조심하여 욥과 같은 어리석은 자가 되지 말아야 한다.

# 자신의 악한 것을
# 드러내지 말라

하나님께서는 앞서 욥과의 문답에서 욥을 책망하면서 생물계에 대한 하나님의 지혜와 섭리를 말씀하시고 욥에게 대답을 요구하셨다. 그리고 이제 크게는 우주의 창조와 작게는 동물의 상태까지 주관하시는 하나님의 절대적 능력에 대한 교훈의 말씀을 통해 자신을 의롭다고 생각했던 욥의 잘못과 교만을 꾸짖고 본격적으로 말씀하신다.

① 여호와께서는 욥의 무죄를 다루는 대신 욥이 알지 못하는 신비로운 세계를 말씀하시면서 욥의 소송(욥 13:3, 15)에 맞서고 있다. 하나님께서 욥에게 하늘과 땅에 있는 생물과 짐승을 통치하는 지혜롭고 전능한 자신과 그래도 논쟁하겠느냐고 질문한다. 욥은 하나님

의 위엄 앞에서 깨어지고 겸손해져 더는 자신의 고난 문제로 하나님과 맞서려 하지 않으며 스스로를 변호하려고 하지 않는다. 왜냐하면 욥은 법정에 나오기 전에 우주 만물의 법칙을 이해할 수 있는 능력부터 제시해야만 하기 때문이다. 따라서 이제 욥은 원고로서의 입장을 포기할 수밖에 없었고, 자신의 무지를 인정하면서 소송을 취하할 수밖에 없었다.

② 하나님께서는 다시 폭풍 가운데서(욥 38:1 참조) 욥에게 이전에 하셨던 말씀대로 "대장부처럼 허리를 묶고"(욥 38:3)라고 말씀하셨다. 그리고 "네가 내 공의를 부인하려느냐"(욥 40:8) 하고 물으셨다. 하나님께서는 여기에서만 하나님이 불공평하다는 욥의 고소(항변)에 대해 직접 언급하고 있다. 그 어떤 피조물도 하나님의 심판을 헛되게 하거나 피하지 못한다.

그러므로 욥이 자신이 의롭지만 재난을 당한다고 한 것은(욥 10:1-22) 하나님의 심판을 거부하고 하나님이 불의하시다고 말한 것이 된다. 이에 하나님께서는 "네 의를 세우려고 나를 악하다 하겠느냐"(욥 40:8)라고 말씀하신 것이다. 자기가 악하게 행동하지 않았다는 욥의 자기 정당화는 결국 하나님께서 악하게 행동하셨다고 말한 것이 된다.

③ 하나님께서는 지혜와 능력이 있다고 생각한 욥에게 그 지혜와 능력으로 악인을 물리치고 자신을 구원해 보라는 도전적인 질문을

던지신다. 말하자면 하나님께서는 욥 자신에게 의가 있다고 생각한다면, 또한 악인을 징계할 만큼 의가 있다면 악인을 징계해 보라고 말씀하시는 것이다. 그러나 욥은 하나님과 같은 힘(팔은 힘을 의미, 욥 38:15; 시 89:15 등)을 지니지도 않았으며, 두려워 떨게 할 수 있는 소리를 낼 수도 없다. 세상을 다스리며 잘못된 것을 바로잡기 위한 이런 수단도 없으면서 욥이 어떻게 올바르게 비판할 수 있겠는가?

하나님께서는 욥이 그의 무죄를 입증하기 위해서는 그가 하나님보다 더 의롭고 더 힘이 있다는 것을 보여주어야 한다고 말씀하신다. 또한 만일 욥이 하나님을 불의하다고 간주한다면 의롭다고 생각하는 그 자신이 하나님처럼 행사하며 하나님과 같은 위엄과 존귀를 스스로 통치할 것을 요구받고 있다(시 93:1). 하나님께서 이처럼 욥에게 '하나님이 되어 보라'고 말씀하신 것은 욥의 불의한 모습을 역설적으로 책망하기 위해서이다(욥 40:14).

성경에 의하면 십일조는 하나님의 백성들이 자신의 소유가 하나님의 것임을 인정하는 믿음의 행위이며, 감사하는 마음으로 자발적으로 드려야 했다(고후 9:6-7).

그러므로 십일조를 드릴 때는 하나님이 물질의 주인이신 것을 고백하며, 자신이 물질의 청지기임을 인정하는 믿음의 고백이 수반되어야 한다(마 25:14-30). 그뿐 아니라 나머지 10의 9도 하나님의 뜻 가운데 바르게 사용하셨다는 고백이 있어야 한다.

하나님의 두 번째 말씀에서 ① 욥의 교만과 무능력을 깨우치기 위해 크게 두 종류의 짐승인 하마와 악어가 구체적으로 묘사되고 있는데, 두 짐승 모두 물과 관련이 있으며(욥 40:21-23, 41:31-32) 하나님의 첫 번째 말씀과 연결된다(욥 38:8-11, 16). 사실상 크기나 힘(욥 40:16), 식성(욥 40:15), 체력(욥 40:16-19), 버릇(욥 40:20-23), 사나움(욥 40:24) 등에 있어서 동물들 중의 으뜸인 하마는 힘없는 욥과는 비교조차 할 수 없다. 하마라는 명칭은 큰 동물이라는 뜻이므로 코끼리, 코뿔소, 공룡, 물소 등으로도 해석되지만 하마로 보는 것이 타당하다.

하마는 초식동물이며(욥 40:15), 굉장한 힘을 지니고 있고(욥 40:16-18), 하나님의 창조물 중 으뜸이다(욥 40:19). 특히 하마는 강과 육지에 번갈아 살면서 다른 동물에게 큰 위협이 되지는 않으며, 하마의 의연하고 느긋한 성격은 고난을 참지 못하고 화를 내고 불평하는 욥과 비교가 된다.

② 인간은 하나님의 형상을 지니고 있고 또 피조물을 다스릴 권한을 부여 받았지만(창 1:28) 하마조차 마음대로 다룰 수 없는 나약하고 무능력한 존재이다.

③ 하마는 하나님께서 만드신 피조물이며 하나님만이 효과적으로 통제할 수 있다. 의를 가진 욥(욥 27:6)도 하마와 같은 피조물에 지나지 않으며, 하마도 능히 제어할 수 없는 피조물인 욥이 하나님과 변론하겠다고 나서는 것은 실로 한심하고도 어리석은 일이다.

# 왜 우리는
# 죄인인가?

　죄악 된 세상에서 죄 없이 산다는 것은 여간 힘든 일이 아니다. "털어서 먼지 안 나는 사람 없다"라는 속담은, 겉으로 보기에 아무런 결점이 없어 보이는 사람도 자세히 살펴보면 몇 가지 결점은 가지고 있기 마련이란 뜻이다.

　사람들은 대부분 다른 사람들의 잘못이나 결점을 쉽게 드러내어 말하고 싶어 한다. 그러나 이 세상에 완전한 사람은 아무도 없기 때문에 누구도 예외 없이 결점을 가지고 있으며, 남의 잘못을 보고 쉽게 말을 옮기는 것은 옳지 않다. 털어서 먼지 안 나는 사람이 없기에 말을 옮기는 사람 또한 결점이나 약점이 있기 마련이다. 털어서 먼지 안 나는 사람이 없지만, 적어도 먼지가 풀풀 날리지 않고 미약한 정도의 먼지가 나는 사람은 되고자 해야 한다. 친구 누구는 잘 씻지 않고, 친구 누구는 혼잣말을 하며, 친구 누구는 손톱을 물어뜯을 수 있지만 내 생각에 잘못된 행동이라고 말하며 떠들고 다니면 안 된다. 털어서 먼지 안 나는 사람은 없기 때문이다.

공자(孔子)는 "삼사일언(三思一言)하고, 삼사일행(三思一行)하라"라고 했다. 한 마디 말하기 전에 세 번 생각하고, 한 번 행동하기 전에 세 번 생각하라는 뜻이다. 말은 입으로 전하지 말고 가슴으로 전하라. 진심을 담아 상대방에게 마음을 전달하고자 할 때, 상대방과의 오해나 갈등을 해결하고자 할 때, 마음에서 우러나오는 진실된 말과 정직하고 진정성 있는 말은 상대방의 가슴에 울림을 준다.

남의 티끌은 보면서도 정작 자기 자신의 들보는 보지 못하는 어리석음을 범하지 말라.

"너는 네 눈 속에 있는 들보를 보지 못하면서 어찌하여 형제에게 말하기를 형제여 나로 네 눈 속에 있는 티를 빼게 하라 할 수 있느냐 외식하는 자여 먼저 네 눈 속에서 들보를 빼라 그 후에야 네가 밝히 보고 형제의 눈 속에 있는 티를 빼리라"(눅 6:42).

타인을 비판하기 전에, 다른 사람의 단점이나 실수를 지적하기 전에, 먼저 자신을 돌아보고 자신의 부족함을 인정할 필요가 있음을 상기시킨다. 성경은 말에 관해 수많은 교훈을 준다.

"그들의 입에 신실함이 없고 그들의 심중이 심히 악하며 그들의 목구멍은 열린 무덤 같고 그들의 혀로는 아첨하나이다"(시 5:9).

"그들이 이웃에게 각기 거짓을 말함이여 아첨하는 입술과 두 마음으로 말하는도다 여호와께서 모든 아첨하는 입술과 자랑하는 혀를 끊으시리니"(시 12:2-3).

"그러나 그들이 입으로 그에게 아첨하며 자기 혀로 그에게 거짓을 말하였으니 이는 하나님께 향하는 그들의 마음이 정함이 없으며 그의 언약에 성실하지 아니하였음이로다"(시 78:36-37).

"거짓말하는 자는 자기가 해한 자를 미워하고 아첨하는 입은 패망을 일으키느니라"(잠 26:28).

"사람을 경책하는 자는 혀로 아첨하는 자보다 나중에 더욱 사랑을 받느니라"(잠 28:23).

"이웃에게 아첨하는 것은 그의 발 앞에 그물을 치는 것이니라"(잠 29:5).

"형제들아 내가 너희를 권하노니 너희가 배운 교훈을 거슬러 분쟁을 일으키거나 거치게 하는 자들을 살피고 그들에게서 떠나라 이 같은 자들은 우리 주 그리스도를 섬기지 아니하고 다만 자기들의 배만 섬기나니 교활한 말과 아첨하는 말로 순진한 자들의 마음을 미혹하느니라"(롬 16:17-18).

수많은 말씀이 말의 진정성을 강조한다. 혀끝으로 쉽게 내뱉는 말은 대개 아첨이나 겉치레일 수 있으며, 진정한 칭찬이나 감사의 말은 마음 깊은 곳에서 우러나와야 한다. 타인의 말 뒤에 숨은 의도를 분별하고, 진정으로 마음에서 우러나오는 칭찬과 겉치레적인 아첨을 구분하고자 할 때 유용한다. 말 한마디의 중요성과 그것이 타인에게 미치는 영향을 다시 한번 생각해 볼 수 있다.

진정성 있는 말은 타인을 존중하고 긍정적인 관계를 구축하는 데 중요한 역할을 한다. 우리는 남의 허물을 보고 탓하지 말고, 자기 자신의 허물을 살필 줄 아는 현명한 자가 되어야 한다. "털어서 먼지 안 나는 사람 없다"라는 속담은 누구나 실수를 할 수 있으니 사소한 잘못은 넘기자 할 때 쓰이기도 하고, 사람은 누구나 숨기고 싶은 어두운 사실, 잘못한 점이 있으며, 그걸 작정하고 털면 반드시 나오니 조심하자는 뜻으로 쓰이기도 한다.

"똥 묻은 개가 재 묻은 개 나무란다"라는 속담도 있다. 자신의 잘못이 더 크고 변변치 못한 사람이 남 흉보기를 잘한다는 뜻이다. 자신도 비슷한 결점을 가진 상태에서 다른 사람을 비판하는 어리석음을 강조하며, 자신을 돌아보고 겸손해야 한다는 교훈을 담고 있다. 우리는 누군가의 실수나 결점을 지적할 때, 자신에게도 부족한 점이 있다는 것을 알아 상대방을 너그럽게 이해하려는 이해심과 관용이 필요하다. 남을 비판하고 탓하기 전에 자신을 돌아보고 자신의 허물을 살피고 다른 사람의 실수나 단점은 너그럽게 바라볼 때, 우리는 더욱 성숙하고 현명한 사람이 될 것이다.

> "아무 일에든지 다툼이나 허영으로 하지 말고 오직 겸손한 마음으로 각각 자기보다 남을 낫게 여기고 각각 자기 일을 돌볼뿐더러 또한 각각 다른 사람들의 일을 돌보아 나의 기쁨을 충만하게 하라"(빌 2:3-4).

자기 성찰의 실천 방법으로 매일의 행동과 결정에 대해 반성하는 시간을 갖는 것이 좋다. 자신이 한 말이나 행동이 타인에게 어떤 영향을 미쳤는지 생각해 보는 것이다.

그리고 주변 사람들의 피드백을 겸손하게 받아들여야 한다. 때로는 타인의 시각에서 자신을 바라보는 것이 자기 성찰에 큰 도움이 될 수 있다. 자신의 부족한 점을 인정한 후, 이를 개선하기 위한 노력을 지속해야 한다. 새로운 지식을 배우고, 다양한 경험을 통해 자신을 발전시키는 것이 중요하다. 자신을 살피는 것은 단순히 자신의 단점을 인정하는 것을 넘어서, 그것을 개선하고 더 나은 사람이 되기 위한 노력의 시작이다. 남을 탓하기보다는 자신을 돌아보고 지속적으로 성장하려는 태도가 진정한 현명함을 만든다.

# 하나님의 오묘하시고 무한하신 주권적 섭리와 절대적인 능력

인간은 이 세상이 하나님의 주권으로 다스려지며, 자신 또한 그러한 세상에 속해 있는 보잘것없는 피조물임을 인정하고 하나님의 오묘한 섭리 앞에서 겸손히 머리를 숙여야 한다.

그동안 자기 의를 주장하고 하나님의 통치에 의혹을 가질 만큼 당당했던 욥은(욥 24:1-12) 이제 크게 위축되었고 동시에 참된 회개(욥 4:2-6)의 자리로 나아가야 했다. 하나님께서는 욥에게 네 가지 질문(낚시로 낚는 문제, 끈으로 혀를 매는 문제, 갈대 줄기로 코를 꿰는 문제, 갈고리로 턱을 꿰는 문제)으로 하나님의 뜻을 알려 주셨다.

① 악어는 불가항력적인 힘을 가진 동물로 그 어떤 동물과도 비교될 수 없는 존재임을 말씀하신다. 악어는 인간이 만든 도구에 이

해 길들여지지 않고(욥 41:1-2), 인간과의 언약으로 인간에게 순종하지 않으며(욥 41:4), 새처럼 애완동물로 삼을 수 없고(욥 41:5), 창과 작살로도 죽일 수 없다(욥 41:7). 여기에서 나오는 낚시나 노끈, 작살 등과 같은 포획 도구는 욥이 자신의 의로움으로 하나님과 변론할 수 있다고 생각한 것(욥 27:6)을 의미한다고 볼 수 있다. 그리고 하나님은 그것이 불가능하다는 사실을 반어적 질문으로 일깨움으로써 욥의 교만을 꺾으려 하신다.

② 하나님께서는 악어를 의인화해, 악어를 잡는 것이 사실상 불가하지만 혹 잡는다고 할지라도 그 악어가 살려 달라고 애원하거나 부드럽게 말하거나 또는 언약을 맺어 종의 관계(출 2:6; 신 15:17)를 유지시킬 수 있느냐고 반문하신다. 비록 악어가 포획되었다고 할지라도 욥에게 순종하는 일은 있을 수 없으며, 오직 하나님만이 그것들을 지배하며 마음대로 하실 수 있다.

③ 고대인들은 때로 사나운 동물이나 새들을 붙잡아 길들여서 애완동물로 삼았다. 예를 들면 새나 개, 거위 등은 일반적인 것들이었고, 이집트에서는 표범이나 원숭이 심지어 독사까지도 길렀다. 그러나 악어는 힘이 너무 세고 포악하기 때문에 길들이거나 팔 수가 없었다. 그런데 악어를 붙잡을 힘도 없고 손가락으로 건드릴 용기도 없는 연약하고 무능한 욥이 어떻게 창조자요 주권자이신 하나님을 주제넘게도 교만하게 판단하고 항변하려는 것인지를 반문하고 있다

(욥 21:7, 24:1-12). 하나님은 이러한 악어를 소유하고 기르실 뿐 아니라 인간이 엄두조차 낼 수 없는 악어의 포획, 길들임 등의 무한한 능력을 지니고 계신다.

동물들은 대개 자신을 보호할 수 있는 한 가지 수단이나 무기 등을 갖추고 있다. 예를 들면 사슴이나 말은 튼튼한 다리, 호랑이나 표범은 날카로운 이빨과 발톱, 들소나 코뿔소 등은 뿔을 가지고 있다. 그런데 악어는 엄청난 힘(욥 41:12)과 보호 장비인 두꺼운 가죽(욥 41:13), 사람이 손으로 열어 볼 수 없는 입과 간담을 서늘케 하는 예리한 이(욥 41:14), 무기로도 뚫지 못하게 봉인된 견고한 등비늘(욥 41:15-17)을 지니고 있다.

① 악어 몸의 특징과 관련해 몸의 구조와 힘에 대해서는 다소 과장되고 공상적이고 과격한 어조로 묘사되고 있는데, 이것은 그와 같이 힘이 세고 난폭한 악어까지도 창조하시고 능히 다스리시는 하나님의 크신 능력을 더욱 강조하기 위함이다. 하나님께서는 누가 이런 악어의 가죽을 벗길 수 있고 그 갑옷을 뚫을수 있으며, 그 입을 열어 예리한 이빨(60여 개)을 볼 수 있겠느냐고 반문하신다(욥 41:13-14). 그리고 악어의 비늘을 바람조차 들어갈 수 없을 만큼 완벽하게 만드신 하나님의 오묘하신 솜씨를 보여주심과 동시에 인간의 연약하고 무능력한 면을 대조적으로 말씀하신다.

② 악어의 코와 눈, 입의 움직임이나 강한 목과 난난하고 견고한

살, 단단한 가슴 등은 사람들에게 큰 두려움을 불러일으킨다. 악어는 5분 정도 물속에 있을 수 있는데, 숨을 쉬기 위해 물 위로 올라와 물을 뿜어 내면 그 입에서 횃불과 불꽃들이 튀어나온다고 말씀하신다. 아마도 이 표현은 물줄기가 햇빛 속에서 광채처럼 빛나 보이는 것을 묘사하고 있는 것 같다. 이것은 이렇게 두려움을 불러일으키는 악어까지도 하나님께 순종하는데 욥은 여전히 순종하지 않고 오히려 대적하려 한다고 책망하는 것으로 볼 수 있다.

③ 당시 사냥꾼들이 보통 쓰는 도구는 칼과 창, 작살 등이었지만 그것으로는 악어의 단단한 가죽(욥 41:15-17, 23)을 뚫을 수 없고, 몽둥이나 맷돌로도 그를 쓰러뜨릴 수 없다. 또한 악어의 배 아래 가죽은 매우 날카로운 칼이 달린 타작 기계를 진흙 위로 끌고 간 것처럼 보이며, 물속으로 빨리 움직이므로 빛나는 물줄기가 백발처럼 흰 물결을 남긴다. 여기에 나타난 악어의 모습은 강력하고 견고하며 두려울 것 없는 교만한 왕으로 비유된다(욥 41:33-34).

연약하고 무능한 피조물에 불과한 욥이 이해할 수 없는 고난에 대해 불평하면서 자기 의를 주장하고 교만의 죄를 쌓는 것이야말로 전적으로 터무니없고 모순된 행동이 아닐 수 없다. 결국 그는 하마와 악어의 상태와 몸의 구조를 통해 강조된, 하나님의 오묘하고 무한하신 주권적 섭리와 절대적인 능력 앞에 고개를 숙이고 회개할 수밖에 없었다(욥 42:1-6).

# 철저한 회개는
# 축복의 통로

　하나님께서는 욥에게 그가 고난받는 이유를 직접 밝히거나 자신의 심판의 공의성을 적극적으로 설명하지 않으시고, 다만 자신이 우주의 절대 주권자라는 사실만 밝히셨다. 이제 욥은 폭풍우 가운데서 나타나신 하나님 앞에서(욥 38:1, 40:6) 자연계(욥 38:4, 38), 동물계(욥 38:39-41:34)를 다스리시는 하나님의 말씀을 듣고 모든 것을 깨닫게 되었으며 자연히 하나님 앞에 회개하였다.

　① 앞서 욥은 자신에게 고난을 허락하신 하나님의 뜻을 몰랐기 때문에 하나님의 전능성에 회의를 품기도 하고 원망하며 불평하기도 했다. 이제 하나님께서 친히 하시는 말씀과 교훈을 들은 욥은 피조물에 대한 하나님의 섭리와 주권을 깨달음과 동시에 자신이 하나

님께 취한 행동이 어리석은 행동임을 알게 되었다. 이에 욥은 모든 일을 계획하실 뿐 아니라 그것들을 능히 이루시는 하나님의 주권과 권능을 분명히 믿는다고 고백한다.

② 욥은 하나님께서 책망하신 말씀(욥 38:2)을 상기하면서 이제 스스로를 책망하고 있다. 욥은 하나님과 세 친구들 앞에서 자신이 무죄하다고 자부했고 하나님께서 그것을 인정해 주실 것이라고 확신했다. 그러나 하나님의 말씀을 듣고 모든 창조물을 다스리시고 움직이시는 하나님의 주권과 섭리에 대해 자신이 무지하고 어리석었다는 사실을 철저히 깨달았다. 말하자면 욥은 하나님을 아는 지식도 없이 자신의 능력 밖의 일들에 대해 성급하게 판단하고 이해함으로써 자신이 알거나 이해하지 못한 일을 아는 것처럼 말했음을 인정했다는 것이다.

③ 지금까지 욥은 종교적 전통이나 조상들의 가르침을 통해 하나님에 관해 외적으로 듣기만 했는데, 이제는 하나님께서 임재하심으로 하나님 자신을 직접 바라보게 되었다. 욥은 앞서 자신의 순진성과 의로움을 주장하기 위해 하나님을 직접 만나 뵙기를 소망했다(욥 19:25-27). 이제는 직접 자신에게 말씀하시는 하나님을 만나 뵙게 됨으로써 자신의 소망을 이루게 되었다(시 25:14-15).

④ 욥은 하나님께서 말씀하신 교훈을 통해, 스스로 무죄한 자신이 고통받는 것에 대해 회의를 느껴 하나님의 공의에 대해 비난했을

뿐 아니라 인간의 근본적인 죄성을 무시하고 자신의 의로움을 내세우는 큰 실수를 저질렀다(욥 23:2-7)는 것을 깨달았다. 또한 자신의 무죄와 결백을 주장하기 위해 하나님의 섭리가 불의하다고 성급하게 판단하고 지껄였던 어리석은 말과 행동을 부끄럽게 생각하고 티끌과 재 위에서 회개하였다. 고대 근동에서는 슬픔과 겸손을 표시하기 위해 먼지와 재를 뒤집어쓰는 관습이 있었는데(에 4:1; 사 58:5), 이것은 욥이 하나님께 철저하고 온전한 회개를 했음을 나타낸다.

그동안 침묵하였던 하나님께서는 욥의 친구들이 장황하게 변론한 내용들(욥 4-37장)이 욥처럼 정당하지 못하다고 판결하셨다.

① 비록 욥이 고난을 허락하신 하나님의 깊은 섭리를 정확히 알지 못하고 변론했지만, 근본적으로 하나님의 섭리를 부인하거나 왜곡시키는 어리석은 행위는 하지 않았다. 그러나 엘리바스를 비롯한 두 친구는 자신들도 재난에 대한 하나님의 섭리를 모르면서 어떤 형벌에는 분명히 죄라는 원인이 있다는 소위 현세적이고 도식적인 인과응보론을 문자적으로 적용시켜 욥을 정죄했다. 특히 엘리바스는 영적 현상에 대한 주관적 체험으로(욥 4:12-17), 빌닷은 전통적인 견해로(욥 8:8-10), 소발은 자기 나름대로의 확신으로(욥 11:12) 욥을 죄인으로 몰아세웠다. 사실상 친구들의 이와 같은 논리는 신학적으로나 개별적인 의미에서는 타당할 수 있지만, 그들은 편협되고 잘못된 지식과 형식적인 논리를 가지고 하나님의 주권적인 섭리를 제안했을 뿐

아니라 무죄한 욥을 매몰차게 정죄하였다.

② 하나님께서는 세 친구들이 범한 죄를 속하기 위해 수소 일곱 마리와 숫양 일곱 마리를 번제로 드리라고 명하셨다. 모세 율법(레 23:18; 민 23:1 등)에 언급된 것과 비교할 때 이 제사는 큰 제사라고 할 수 있는데, 욥의 친구들이 하나님께 지은 죄가 매우 큰 것임을 나타낸다. 한편 하나님께서는 욥에게 제사장권을 위임하셨는데, 이전에도 욥은 자녀들을 위해 번제를 드린 적이 있었다(욥 1:5). 이것은 욥기가 제사를 규정한 모세 율법이 기록되기 이전에 기록되었음을 뒷받침해 준다. 특히 하나님께서 욥을 '내 종'이라고 거듭 부르신 것은 욥에 대한 하나님의 사랑과 관심이 매우 크시다는 것을 암시한다.

③ 하나님께서는 욥이 친구들을 위해 드린 제사를 기쁘게 받으셨다. 한편 욥을 중재자로 세우신 것은 이전에 욥이 중재자를 요구했던 것을 고려한다면(욥 16:18-21) 역설적이며, 이로써 욥은 하나님뿐 아니라 친구들과의 관계에서도 완전히 회복되었다.

한편 욥이 하나님과 죄인들 사이의 중재자와 제사장이 되어 화목과 용서의 과업을 감당한 것은, 장차 하나님과 인간의 화목을 위해 이 땅 위에 오셔서 고난을 당하고 십자가에서 대속 사업을 완수하실 대제사장 예수 그리스도를 예표하는 것이다.

# 고난과 축복은
# 하나님의 주권 아래 있다

　자신의 신앙적 무지와 연약함에 대해 깊이 회개하고 친구들의 죄 용서를 위해 중보기도와 제사까지 드림(회개와 용서에 대한 감사 표시)으로 온전히 순종한 욥은 선제적, 가정적, 물질적으로 하나님의 축복의 은총을 입어 예전보다 갑절의 축복을 누리게 되었다. 하나님께서는 자신과 욥의 친구들과의 관계를 회복시키신 후 욥에게 자녀나 재산을 이전보다 갑절의 상태로 회복시키셨다(욥 42:10-11).

　① 물질의 복으로, 욥의 재산 목록을 보면 처음 것(욥 1:3)보다 꼭 두 배로 늘어났는데, 이것은 하나님의 회복의 완전성을 의미한다. 하나님의 구원은 완전하며, 하나님 나라의 구원도 완전하다. 이와 같이 하나님께서 욥에게 물질의 축복을 주신 것은 욥이 올바른 물

질관(공의와 정의와 정직의 선함, 잠 2:9)을 가졌기 때문이다. 우리는 교회 내에서 거짓에 속아 동조하거나 침묵하는 불의한 공동정범(共同正犯)이 되지 말아야 한다. 불법을 단호하게 배척하는 신앙인으로 하나님을 경외하고 두려워해야 한다. 이 세상의 모든 물질은 모두 하나님의 것이며 그것을 가진 자는 관리인에 지나지 않는다. 만일 그것을 주인이신 하나님의 선하신 뜻대로 사용하지 않고 쌓아 두기만 하면 하나님께서는 불의한 청지기의 비유처럼(눅 12:13-21) 그의 물질뿐 아니라 영혼까지 거두어 가실 것이다.

② 자녀의 복으로, 욥은 재산뿐 아니라 자녀들도 두 배로 얻었다. 왜냐하면 지금 천국에는 먼저 간 7남 3녀가 있고 땅 위에서 새로 7남 3녀를 얻었기 때문이다. 똑같은 숫자의 자녀들은 욥이 이전 자녀들에 대한 상실의 슬픔을 위로받는 데 많은 도움을 주었을 것이다. 더욱이 딸들은 당대 최고의 미인이었는데, 그것은 여미마('비둘기', 아 2:14, 5:2 등)와 긋시아('향이 나는 계수나무', 시 45:8), 게렌합북('물감의 뿔')이라는 이름에도 반영되고 있다.

당시 근동 지역에서 여자의 아름다움은 집안의 자랑이자 큰 축복으로 여겨졌다. 또한 욥기가 기록된 족장 시대에는 아들이 없을 경우에만 딸에게 기업이 상속되는 관례가 있었다(민 27:8). 그러나 욥은 딸들에게도 재산을 나누어 주었다고 했는데, 이는 딸들에게 나눠 줄 만큼 재산이 많았거나, 여성의 지위가 향상되었거나 자식들 간의 화목을 도모하기 위함이었을 것이다.

③ 장수의 복을 받았다. 장수는 하나님을 온전히 섬기는 자에게 주어지는 축복이므로(출 23:25-26) 욥이 장수를 누렸다는 것은 욥이 이 세상에서 하나님의 축복을 풍성히 받았다는 것을 나타낸다. 또한 욥이 '오래 살다가 죽은' 것은 재난이나 질병 때문에 고통을 받지 않고 평안히 눈을 감은 것을 나타낸다(창 25:8, 35:29).

《명심보감》에 '자효쌍친락 가화만사성'(子孝雙親樂 家和萬事成)이라고 했다. 이 문장은 자식이 효도하면 부모가 기뻐하고, 가정이 화목하면서 모든 일이 잘된다는 뜻을 담고 있다. 우리 조상들은 가정이 사회 공동체의 최소 단위이자 출발점이라고 생각했다. 고려 시대의 명장 이성계가 지은 글 중에 나오는 '가화만사성'(家和萬事成)도 가정의 중요성과 가정 내의 정(情)과 사랑, 그리고 효도를 강조하며, 화목한 가정이 만사에 좋은 영향을 미친다는 것을 말해 준다.

이러한 가치관은 우리 조상들이 가진 인생관과 사회관에서 비롯된 것으로, 현재까지도 우리 삶에 큰 영향을 미치고 있어 우리나라의 전통적인 생활 속에 뿌리 박힌 가치를 나타낸다. 즉, 가정이 화목하면 만사가 순조롭게 진행된다는 것이다.

그런데 욥의 일생이 회복과 축복으로 끝났다고 해서 이 욥기를 행복한 결말로 끝나는 통속적인 문학으로 단정 지어서는 안 된다. 욥기를 하나님을 잘 믿으면 이 땅에서 자녀와 물질을 비롯한 온갖

복을 다 받게 된다는 소위 기복신앙의 근거로 인용해서도 안 된다. 오히려 역설적으로 욥처럼 하나님을 잘 믿으면 이 땅 위에서 혹독한 재난과 고통을 당할 수 있음을 기억해야 한다. 다행히 욥은 이 땅 위에서 모든 것이 회복되었지만, 만약 회복되지 않았다면 그는 천국에서 더 큰 축복을 누릴 수 있었을 것이다.

세상에서 경건하게 살았던 많은 사람들(예언자, 예수님의 제자, 순교자)이 이 땅 위에서는 더 많은 고난을 받다가 순교 등과 같은 비참한 최후를 맞이하였다. 욥이 복을 받은 것은 그가 하나님 앞에서 선하거나 정직했기 때문이 아니라 전적으로 하나님의 은혜 때문이다. 말하자면, 욥기에서 강조하는 것은 욥에게 내려진 회복과 축복이 아니라, 그것들이 하나님의 주권적인 섭리에 근거한 은혜로 주어진 것이라는 신학적인 의미인 것이다.

하나님의 주권적인 은혜는 극도의 고통 가운데서 죽기를 소망한(욥 3:1-26) 욥에게 장수의 복을 허락하심으로, 하나님께서는 결코 자기 백성을 포기하지 않으신다는 진리를 증거하고 있다. 또한 비록 욥은 고난을 당했지만 이 고난조차 하나님의 주권 속에서 진행되었고(욥 1:12), 고난의 시작이나 과정, 그 끝도 하나님의 은혜였음을 명백히 증거하고 있다.

요컨대 욥기는 고난과 정직의 결과가 반드시 축복은 아니라는 것과 인간의 모든 문제는 최종적으로 절대자 하나님의 은혜와 임재,

그리고 종말론적 공의의 실현을 통해서만 완전히 해결될 수 있다는 궁극적인 진리를 우리에게 잘 보여준다.

# 복음은
# 기쁜 소식이다

'복음을 전하는 것', '복음을 선포하는 것'을 말하는 '전도'(傳道, preaching)는 원래 결혼이나 전쟁 승리의 소식을 전할 때 사용되었다. 예수님은 사역 대부분이 전도하는 것이었으며(마 11:1; 막 1:38-39; 눅 4:44), 또 제자들을 전도하도록 파송하셨다(막 3:14). 예수님은 승천하실 때도 제자들에게 성령의 권능을 받고 땅끝까지 가서 증인이 되라고 부탁하셨다(마 28:19-20; 행 1:8).

예수님은 전도 사역에서 기도하며(막 1:35) 각종 병이 든 많은 사람(열병, 나병, 걷지 못하는 사람, 맹인, 혈루증, 중풍병, 손 마른 사람, 듣지 못하고 말 더듬는 사람)을 고치시고, 귀신들을 내쫓으시며(막 1:34), 죽은 자를 살리셨다. 오늘날 우리의 전도와는 전혀 다르다. 지금의 우리는 나그

네 인생길에서 주님이 주신 새 계명 '서로 사랑하라'를 지키기 위해 구제(救濟)를 행하고 위로와 평안을 나누는 전도자가 되어야 할 것이다.

어떤 이들은 성경의 고범죄(故犯罪, Willful sin, 나쁜 일인 줄 알고서도 행한 죄)와 용서받지 못하는 성령을 거스르는 죄(마 12:31-32)에까지 "허다한 죄를 덮느니라"(벧전 4:8)라는 구절을 악용한다. 성경을 문자적으로 해석하는 근본주의자들이 하나님의 은혜로 넘어가자며 그렇게 해석하려고 하는데, 이는 매우 위험한 자들이 하나님을 대적하는 사탄 마귀의 농간(弄奸)인 것을 분별해야 한다. 왜냐하면 허다한 죄를 덮기 위해서는 "무엇보다도 뜨겁게 서로 사랑할지니"(벧전 4:8)라는 전제 조건이 충족되어야 하기 때문이다.

또한 누구든지 자신의 힘으로는 스스로를 구원할 수 없다는 것을 인정하고 십자가로 나아온다면 구원받을 수 있다(요 3:16). 땅 위에 있는 모든 피조물은 죽게 되어 있다. 모든 사람이 죄를 범한 것을 인정하므로(롬 3:23) 우리는 하나님의 용서가 필요하다. 죄는 하나님이 원하시는 대로가 아니라 자기가 원하는 대로 행하는 것이다. 우리를 위해 죽으신 예수님을 우리의 삶 속에 받아들여야 한다(요 1:12). 이 세상 누구보다도 우리를 사랑하는 예수님을 주인으로 믿고 따를 때 우리는 영원한 생명을 얻을 것이다(요 3:16). 죄인들의 회개를 기다리시는 그리스도의 인내하심(계 3:20)은 그들 안에 기하서서 그들과 더불어 교제하고 친밀한 관계를 맺으시려는 것이다.

복음을 증거할 때 최대교회는 각기 다양한 전도의 모습과 방법들을 취했다. 첫 교회인 예루살렘 교회의 전도자들은 예수님의 말씀을 직접 듣고 배운 사람들로, 예수님의 십자가 사건과 부활을 직접 경험하였으며 "이 예수는 하늘로 가심을 본 그대로 오시리라"(행 1:11)라는 신앙을 확고히 가지고 있었다.

이들은 예수님의 말씀대로 기도에 힘씀으로 성령을 받았으며(행 2:4), 각 사람의 필요에 따라 물건을 서로 통용하고 재산과 소유를 팔아 서로 나누어 주었으며(행 2:43-44), 날마다 성전에 모였고(행 2:46) 서로 음식을 나누어 먹으며 교제하고(행 2:46), 하나님을 찬송하며(행 2:47), 가르침을 받았다(행 2:42).

돈이면 무엇이든지 다 된다는 황금만능의 사회 풍조가 널리 퍼진(행 8:9-13, 18-24) 상황 속에서 빌립과 같은 성령이 충만한 사람을 통한 개인 전도가 이루어졌다(행 8:5-6, 26-40). 사마리아 교회는 전도를 위해 교육하고 배우는 일에 열심이었고(행 8:6), 신유를 통해 전도하였으며(행 8:7) 사도들의 영적인 지원(행 8:14-24) 아래 예루살렘 교회와 연합 사역을 하였다(행 9:31).

① 안디옥은 당시 그리스 문화의 중심지로, 상권을 장악하고 있던 로마에서 세 번째로 중요한 도시였다. 인구 50만이 넘는 국제도시이자 도덕적으로 환락과 타락이 가득하고 인구가 날로 증가하는

도시였다. 이곳에서의 전도의 특징은 바나바의 착한 성품에 기초한 성령과 믿음이 충만한 목회(행 11:24), 그리고 바나바와 바울의 조화로운 협력 사역이었다(행 11:26).

② 빌립보 교회는 신분의 차별 없이 전도하였으며(행 16:20) 전도하는 일이라면 아낌없이 지원하였다(빌 4:14-20).

③ 고린도 교회는 도덕적으로 타락하고 종교적으로 다신교에 빠져 있던 고린도 사람들에게 전도하기 위해 다음과 같은 전도 전략을 채택하였다. 첫째, 안식일마다 바울이 회당에서 말씀을 강론하였으며(행 18:4), 둘째로 성경을 예수 그리스도를 중심으로 해석하고(행 18:5) 교회의 모임 장소를 옮겼다(행 18:7).

④ 에베소는 로마에서 아시아에 이르는 교통의 중심지로, 종교적·도덕적으로 타락한 이 도시에서 바울과 그의 동역자들이 구사한 전도 방법은 하나님의 말씀을 담대히 전하는 것(행 19:8)과 철저한 제자 훈련이었다(행 19:9-10).

복음(Gospel)은 하나님의 통치가 이루어질 것이라는 구원의 기쁜 소식이며(시 40:10, 68:11; 사 40:9, 41:27, 52:7, 61:1), 예수 그리스도를 통하여 성취된 죄인을 용서하고 화해하며 구원하는 하나님의 행위에 대한 소식이다(롬 1:16-17). 다시 말하면, 하나님께서 구약에서 예언된(사 7:12-16) 하나님의 아들 예수 그리스도를 다윗의 혈통에서 나게 하시고(롬 1:3), 죄인 된 사람들을 구원하시기 위해 십자가에 못 박혀 죽게 하시고(롬 5:8), 다시 부활하게 하심으로(롬 1:4) 예수님을 믿는 모든 사람에게 구원을 주신다는 사실이다(롬 1:16; 3:22, 28). 그러므로 복음의 핵심은 하나님의 아들 예수 그리스도이시다(요 14:16; 롬 1:9).

하나님은 의로우신 분으로 죄지은 사람은 누구나 심판하실 수밖에 없다(롬 3:23). 복음의 핵심은 누구든지 죄를 회개하고 예수 그리스도를 믿으면 구원을 주신다는 것이며(롬 1:16), 이것이 우리에게 기쁜 소식, 복음인 것이다.

# 초대교회 집사의
# 전도 모습

한반도에서 고구려 왕조의 마지막 수도이자 첫 번째로 일원화된 수도 평양성은 고구려 제24대 양원왕이 지었으며, 제25대 평원왕 때 이전했다. 또한 한성(서울)은 역사적으로 백제, 조선, 대한제국의 수도이자 현재도 대한민국의 수도로서 중요성이 높다.

기원전 18년 백제가 현 송파구 강동구 지역에 도읍을 정한 후 492년간 한성 백제 시대가 이어졌다. 이후 475년 고구려가 한성을 함락했는데, 북쪽에 기반을 둔 국가인 고구려는 기존 백제의 한성에서 북쪽으로 한강을 건너 현 광진구, 성동구, 구리시 일대를 거점으로 삼아 고구려의 북한산군 남평양으로 지정했고, 553년 신라가 서울 지역을 차지하고 나서는 신라의 한산주 한양군이 되었다. 이후 고려 시대에는 약 250년간 개경 이남의 남경이었다.

조선 시대에는 태조 이성계가 1392년 개경(개성)에서 조선을 건국하고 1394년 한양부(漢陽府)로 수도를 천도해 1395년 이름을 한성부(漢城府)로 바꿨다. 천도 이후 한양은 각종 공사가 잇따라 시행되어 수도로서의 면모를 갖추어 510년 동안 조선 및 대한제국의 수도 역할을 했다. 그러다 일본 제국의 계속된 병탄(併呑) 책동으로 인하여, 1910년에 경술국치로 대한제국이 일본 제국에 병탄된 이후, 35년이라는 기나긴 시간 동안 조선인들은 일본 제국의 식민지 백성으로서 살았다.

식민지 조선 후기인 1941년에 개전한 태평양 전쟁에서 계속 밀리던 일본 제국은 1945년이 되면서 일본 본토까지 공습을 허용하는 등 전황이 악화되었다. 결국 미군에 의하여 두 차례에 걸쳐서 핵 폭격을 당하고 소련이 불가침조약을 철회하고 침략해 오자 전황을 뒤집을 수 없음을 실감한 일본 제국이 포츠담 선언을 수락했고, 이에 한반도는 일본의 지배로부터 벗어났다.

그런데 1950년 6월 25일 북한군의 남침으로 전쟁이 개시되어 1953년 7월 27일 휴전이 성립되기까지 만 3년 1개월 2일간 계속되었다. 전쟁 동안 양측은 38도선을 각각 3회씩이나 넘나들고 남으로는 낙동강, 북으로는 압록강까지 오르내리며 전 국토의 80%에 달하는 지역에서 전투를 하였다. 6·25전쟁은 민족 전쟁인 동시에 침략 전쟁이며 이념 전쟁의 성격을 내포한 전쟁이었다. 이 전쟁은 북한 정권이 남북한 내부의 민족 갈등 속에서 한반도를 무력으로 통일하려고 구상한 데서 비롯되었고, 또 자유민주주의와 자본주의 체제의 한국 정부를 타도하고 대신 통일된 공산주의국가 수립을 목표로 하여 개시된 전쟁이었다.

현재 북한의 수도는 평양, 남한의 수도는 1,300년이 넘는 유구한 역사의 고도(古都)인 서울이다. 그 후 80년 동안 주변 강대국들에 의해 휴전 상태를 유지하며 동족상잔(同族相殘)의 비극은 계속되고 있다.

성경에서 고대 중동의 '사마리아 지방'이라는 말은 사마리아성의 확대된 지역 이름이다. 원래 세겜, 사마리아, 이블르암, 므깃도 같은 도시들은 므낫세 지파의 영토였는데(수 17장), 이 므낫세 지파의 땅을 어림잡아 '사마리아 지방'이라고 부르게 된 것이다. 이것은 물론 사마리아라는 도시가 북이스라엘의 수도로 정치와 문화의 중심적 역할을 했기 때문에 가능한 일이었다. 이곳 사람들도 모두 아브라함의 자손이요 가나안 정복 전쟁에 함께 참여했던 족속들임에도 유대인들과 이 사마리아인 사이의 적대감은 그 뿌리가 깊었다.

사마리아인들이 기원전 721년 사마리아가 앗수르에 의해 멸망하자 일부 주민들이 추방당하고 이방인들이 그 땅에 들어와 살게 되면서 생겨난 혼혈족이라는 것이 유대인들의 적대감의 표면적인 이유이다. 그러나 이것은 하나의 구실일 뿐, 사실은 그보다 훨씬 이전부터 이미 있어 온 남왕조와 북왕조의 불협화음, 골이 깊은 반목과 갈등이 근본적인 요인으로 자리 잡고 있다. 즉, 솔로몬이 죽은 뒤 통일 왕국 이스라엘이 남북으로 분열되는 큰 불행의 역사가 바로 세겜에서 일어난 것이다. 세겜의 중요성이 나중에 사마리아로 옮겨갔을 뿐이다.

예수님께서 사마리아 지방을 지나가신 일이 있듯이(요 4:5), 이 이름은 신약 시대에도 한 지방 전체를 가리키는 대명사로 사용되었다. 사마리아는 여전히 이스라엘과 밀접한 관계를 맺고 있었으므로 사마리아 전도는 엄밀히 말해서 이방인 선교는 아니었다. 당시 갈릴리 벳새다 출신으로 베다니 근처에서 예수님의 부르심을 받은(마 10:3; 막 3:18; 눅 6:14; 행 1:13) 초대교회의 지도자이며 전도자(행 8:5)인 빌립은 가이사랴 사람으로, 네 명의 예언하는 딸이 있었고(행 21:9), 초대교회에 구제에 관련된 문제가 생기자 이를 해결하기 위해 뽑힌 일곱 사람 중 한 명이었다(행 6:5).

빌립 당시 구스(에티오피아)는 애굽 남방 나일강 상류의 넓은 지역으로, 이곳에서는 메로에와 나바다라는 두 왕국을 간다게라 불리는 여왕이 오랫동안 통치했다. 간다게의 모든 국고를 맡은 관리인 내시(행 8:27)가 예루살렘에 왔다가 수레를 타고 광야길을 통해 돌아가면서 성경을 읽었다.

"읽는 성경 구절은 이것이니 일렀으되 그가 도살자에게로 가는 양과 같이 끌려갔고 털 깎는 자 앞에 있는 어린 양이 조용함과 같이 그의 입을 열지 아니하였도다 그가 굴욕을 당했을 때 공정한 재판도 받지 못하였으니 누가 그의 세대를 말하리요 그의 생명이 땅에서 빼앗김이로다 하였거늘"(행 8:32-33).

그가 읽던 말씀은 이사야서의 "그가 곤욕을 당하여 괴로울 때에도 그의 입을 열지 아니하였음이여 마치 도수장으로 끌려가는 어린 양과 털 깎는 자 앞에서 잠잠한 양같이 그의 입을 열지 아니하였도다 그는 곤욕과 심문을 당하고 끌려갔으나 그 세대 중에 누가 생각하기를 그가 살아 있는 자들의 땅에서 끊어짐은 마땅히 형벌 받을 내 백성의 허물 때문이라 하였으리요"(사 53:7-8)라는 부분이었다. 빌립이 성령의 인도를 받아 입을 열어 이 글에서 시작하여 예수를 가르쳐 복음을 전하자(행 8:35) 그 내시는 세례를 받음에 아무 거리낌이 없으므로(행 8:36) 이에 명하여 수레를 멈추고 빌립과 내시가 둘 다 물에 내려가 빌립이 세례를 베풀었다(행 8:38). 그 후 빌립은 아소도와 여러 지역에 다니며 복음을 전하다가 가이사랴 지방에 머물렀다(행 8:40).

# 역사에서 밝혀진
# 예수의 예언

대부분의 사람들은 성경에서 예수님을 묘사하기 위해 사용되는 이름들 중 적어도 일부는 익숙하게 느낀다. 그리스도, 메시아, 구세주와 같은 이름들은 하나님의 아들을 묘사하기 위해 흔히 사용된다. 그러나 성경에는 예수님을 의미하는 이름들과 칭호들이 훨씬 더 많다. 이는 '임마누엘'과 같은 이름으로부터 '교회의 수장' 혹은 '평화의 왕자'와 같은 칭호들까지 다양하다.

예수 그리스도는 하나님의 아들일 뿐 아니라 예언자이기도 했다. 실제로 예수는 자신의 삶뿐 아니라 성경에 등장하는 수많은 사건을 예언했다. 그의 죽음과 부활을 포함한 자신의 삶에서부터 이스라엘과 이스라엘 백성의 미래에 이르기까지 그 범위는 매우 넓다. 예수의 예언이 성취되었다는 증거는 대부분 성경에서 찾을 수 있지만, 역사책에서 찾을 수 있는 것들도 있다.

예수님은 "천지는 없어질지언정 내 말은 없어지지 아니하리라"(마 24:35)라고 하시며 그의 말씀이 영원할 것이라는 놀라운 예언을 했다. 예수님의 제자들은 베다니의 마리아가 예수님의 몸에 기름을 부은 후에 기름을 너무 많이 낭비한다고 꾸짖었다. 그러나 마리아의 행위는 그의 죽음을 준비하는 일이었다. 이에 예수님께서 예언하셨다.

> "예수께서 아시고 그들에게 이르시되 너희가 어찌하여 이 여자를 괴롭게 하느냐 그가 내게 좋은 일을 하였느니라 가난한 자들은 항상 너희와 함께 있거니와 나는 항상 함께 있지 아니하리라 이 여자가 내 몸에 이 향유를 부은 것은 내 장례를 위하여 함이니라 내가 진실로 너희에게 이르노니 온 천하에 어디서든지 이 복음이 전파되는 곳에서는 이 여자가 행한 일도 말하여 그를 기억하리라 하시니라"(마 26:10-13).

예수님 자신의 제자 중 한 명이 자신을 배반할 것이라고도 예언하셨다.

> "그들이 먹을 때에 이르시되 내가 진실로 너희에게 이르노니 너

희 중의 한 사람이 나를 팔리라 하시니…대답하여 이르시되 나와 함께 그릇에 손을 넣는 그가 나를 팔리라"(마 26:21-23).

이 예언은 가룟 유다를 통해 실제로 성취되었다. 성경에는 "말씀하실 때에 한 무리가 오는데 열둘 중의 하나인 유다라 하는 자가 그들을 앞장서 와서 예수께 입을 맞추려고 가까이 하는지라 예수께서 이르시되 유다야 네가 입맞춤으로 인자를 파느냐 하시니"(눅 22:47-48)라고 언급되어 있다. 그리고 제자들이 자신을 떠날 것이라는 예수님의 예언이 자세히 기록되어 있다.

"예수께서 제자들에게 이르시되 오늘 밤에 너희가 다 나를 버리리라 기록된바 내가 목자를 치리니 양의 떼가 흩어지리라 하였느니라 그러나 내가 살아난 후에 너희보다 먼저 갈릴리로 가리라"(마 26:31-32).

"이에 제자들이 다 예수를 버리고 도망하니라"(마 26:56).

예수님은 제자 베드로가 자신을 세 번이나 부정할 것이라고 정확하게 예측하셨다.

"베드로가 대답하여 이르되 모두 주를 버릴지라도 나는 결코 버리지 않겠나이다 예수께서 이르시되 내가 진실로 네게 이르노니 오늘 밤 닭 울기 전에 네가 세 번 나를 부인하리라"(마 26:33-34).

이 예언은 실제로 이루어졌다.

"그가 저주하며 맹세하여 이르되 나는 그 사람을 알지 못하노라 하니 곧 닭이 울더라 이에 베드로가 예수의 말씀에 닭 울기 전에 네가 세 번 나를 부인하리라 하심이 생각나서 밖에 나가서 심히 통곡하니라"(마 26:74-75).

또 예수님은 종교적 지도자들이 자신을 육체적으로 고통스럽게 만들 것을 예언하셨다.

"이때로부터 예수 그리스도께서 자기가 예루살렘에 올라가 장로들과 대제사장들과 서기관들에게 많은 고난을 받고 죽임을 당하고 제삼일에 살아나야 할 것을 제자들에게 비로소 나타내시니"(마 16:21).

예수님이 체포되었을 때, 실제로 종교 지도자들은 예수님에게 폭력을 행사했다.

"지키는 사람들이 예수를 희롱하고 때리며 그의 눈을 가리고 물어 이르되 선지자 노릇 하라 너를 친 자가 누구냐 하고 이 외에도 많은 말로 욕하더라"(눅 22:63-65).

앞의 마태복음 16장 21절에서 예수님은 자신의 죽음의 장소가 예루살렘이 될 것이라고 예언했다. 실제로 이 구절은 예수님이 자신이 '죽을 것'이라고 예언했다고 언급하고 있다. 예언대로 예수님은 예루살렘성에서 돌아가셨다.

"멀리서 바라보는 여자들도 있었는데 그중에 막달라 마리아와 또 작은 야고보와 요세의 어머니 마리아와 또 살로메가 있었으니 이들은 예수께서 갈릴리에 계실 때에 따르며 섬기던 자들이요 또 이 외에 예수와 함께 예루살렘에 올라온 여자들도 많이 있었더라"(막 15:40-41).

놀랍게도 모든 예언이 정확하게 실현되었다.

"너희가 아는 바와 같이 이틀이 지나면 유월절이라 인자가 십자가에 못 박히기 위하여 팔리리라 하시더라"(마 26:2).

이 예언이 실현된 것은 두말할 나위도 없다.

"때가 제삼시가 되어 십자가에 못 박으니라"(막 15:25).

이 외에도 여러 예언이 실제로 성취되었다.

"이날은 유월절의 준비일이요 때는 제육시라 빌라도가 유대인들에게 이르되 보라 너희 왕이로다 그들이 소리 지르되 없이 하소서 없이 하소서 그를 십자가에 못 박게 하소서 빌라도가 이르되 내가 너희 왕을 십자가에 못 박으랴 대제사장들이 대답하되 가이사 외에는 우리에게 왕이 없나이다 하니 이에 예수를 십자가에 못 박도록 그들에게 넘겨주니라"(요 19:14-16).

예수님은 자신의 죽음을 예언하셨을 뿐 아니라, 정확히 사흘 뒤의 부활도 예언하셨다. 유대인들이 예수님께 권능의 표시를 요구하자, 예수님께서 "너희가 이 성전을 헐라 내가 사흘 동안에 일으키리라"(요 2:19)라고 말씀하셨다. 이 예언이 성취되었음은 이렇게 기록되어 있다.

"죽은 자 가운데서 살아나신 후에야 제자들이 이 말씀하신 것을 기억하고 성경과 예수께서 하신 말씀을 믿었더라"(요 2:22).

성경에 따르면 사람들은 예수님이 돌아가신 후에 예수님의 예언을 실제로 기억하고 있었다. "그 이튿날은 준비일 다음 날이라 대제사장들과 바리새인들이 함께 빌라도에게 모여 이르되 주여 저 속이던 자가 살아 있을 때에 말하되 내가 사흘 후에 다시 살아나리라 한 것을 우리가 기억하노니"(마 27:62-63)라고 기록되어 있다. 이 예언의 성취에 대한 추가적인 확인은 "그가 여기 계시지 않고 그가 말씀하시던 대로 살아나셨느니라 와서 그가 누우셨던 곳을 보라"(마 28:6)에서 찾을 수 있다. 예수님은 "보혜사 곧 아버지께서 내 이름으로 보내실 성령 그가 너희에게 모든 것을 가르치고 내가 너희에게 말한 모든 것을 생각나게 하리라"(요 14:26)라고 하며 성령이 우리에게 오실 것이라고 예언하셨다.

"오순절 날이 이미 이르매 그들이 다 같이 한곳에 모였더니 홀연히 하늘로부터 급하고 강한 바람 같은 소리가 있어 그들이 앉은 온 집에 가득하며 마치 불의 혀처럼 갈라지는 것들이 그들에게 보여 각 사람 위에 하나씩 임하여 있더니 그들이 다 성령의 충만함을 받고 성령이 말하게 하심을 따라 다른 언어들로 말하기를 시작하니라"(행 2:1-4).

예수님의 승천 이후 예언이 성취되었다. 예수님은 예루살렘이 실제로 멸망할 것이라고 예언하셨다.

"날이 이를지라 네 원수들이 토둔을 쌓고 너를 둘러 사면으로 가두고 또 너와 및 그 가운데 있는 네 자식들을 땅에 메어치며 돌 하나도 돌 위에 남기지 아니하리니 이는 네가 보살핌받는 날을 알지 못함을 인함이니라 하시니라"(눅 19:43-44).

또한 "예수께서 성전에서 나와서 가실 때에 제자들이 성전 건물들을 가리켜 보이려고 나아오니 대답하여 이르시되 너희가 이 모든 것을 보지 못하느냐 내가 진실로 너희에게 이르노니 돌 하나도 돌 위에 남지 않고 다 무너뜨려지리라"(마 24:1-2)라는 말씀에서처럼 성전이 파괴될 것이라고 예언하셨다. 마태복음은 "내가 진실로 너희에게 말하노니 이 세대가 지나가기 전에 이 일이 다 일어나리라"(마 24:34)라고 언급한다. 예루살렘은 로마인들이 이 도시를 점령한 후인 서기 70년에 함락되었다. 예수님은 그들이 예수님을 메시아로 받아들이지 않았기 때문에 이런 일이 일어났다고 말했다.

"또 너와 및 그 가운데 있는 네 자식들을 땅에 메어치며 돌 하나도 돌 위에 남기지 아니하리니 이는 네가 보살핌받는 날을 알지 못함을 인함이니라 하시니라"(눅 19:44).

"그들이 칼날에 죽임을 당하며 모든 이방에 사로잡혀 가겠고 예루살렘은 이방인의 때가 차기까지 이방인들에게 밟히리라"(눅 21:24).

예수님께서 정확하게 예언하신 또 한 가지 놀라운 것은, 유대 사람들이 핍박을 받을 것이라는 사실이다. 역사는 이것이 어떻게 이루어졌는지를 알려 준다.

"예수께서 돌이켜 그들을 향하여 이르시되 예루살렘의 딸들아 나를 위하여 울지 말고 너희와 너희 자녀를 위하여 울라 보라 날이 이르면 사람이 말하기를 잉태하지 못하는 이와 해산하지 못한 배와 먹이지 못한 젖이 복이 있다 하리라 그때에 사람이 산들을 대하여 우리 위에 무너지라 하며 작은 산들을 대하여 우리를 덮으라 하리라"(눅 23:28-30).

# 천상법에 따른 우주적 심판

지구의 세상은 하나님의 주권 아래 있는 피조 세계이다. 하나님께서 세상을 지으셨다(요 1:10). 그리고 사람을 거기 두시고 그 땅에서 보기에 아름답고 먹기에 좋은 나무가 나게 하시니, 동산 가운데에는 생명 나무와 선악을 알게 하는 나무도 있었다(창 2:8-9). 이에 여호와 하나님이 그 사람에게 명하여 "동산 각종 나무의 열매는 네가 임의로 먹되 선악을 알게 하는 나무의 열매는 먹지 말라 네가 먹는 날에는 반드시 죽으리라"라고 하셨다(창 2:16-17).

그런데 여자 곧 하와가 그 나무를 보니 먹음직도 하고 보암직도 하고 지혜롭게 할 만큼 탐스럽기도 한 나무였다. 여자가 그 열매를 따 먹고 자기와 함께 있는 남편에게도 주어 그도 먹었다. 이에 그들의 눈이 밝아져 자기들이 벗은 줄을 알고 무화과나무 잎을 엮어 치마로 삼았으며, 그들이 그날 바람이 불 때 동산에 거니시는 여호와 하나님의 소리를 듣고 그 낯을 피하여 동산 나무 사이에 숨었다(창 3:6-8) 즉, 세상에 죄가 오도록 불러들인 것이다. 따라서 세상은 죄인들의 욕망과 무너진 신뢰감과 출렁이는 분노로 짜여졌기에 어두운 곳이며(엡 6:12) 사탄이 지배하는 곳이다(요일 5:19).

주님은 "이 세상이나 세상에 있는 것들을 사랑치 말라"라고 말씀하고 있다. 세상은 멸망 받을 자들이나 어두움의 세력(요일 2:15) 곧 사탄의 세력들을 가리킨다고 볼 수 있다. 따라서 세상을 사랑하지 말라는 말의 참 의미는, 우리가 이 세상 안에 있으나 이 세상에 속한 자가 아니라는 것이며(요 15:19), 육신의 정욕과 안목의 정욕과 이생의 자랑에 치우치지 말아야 한다(요일 2:16)는 말이다.

이런 세상임에도 창조주 하나님께서 자신의 독생자를 주실 만큼 세상을 사랑하시어(요 3:16) 세상의 빛으로서(요 8:12, 9:5, 12:46) 아들 예수를 통해 구속의 은총을 베푸셨다. 즉, 세상은 그리스도를 통하여 그리스도 안에서 회복되었고 또 회복되어 가고 있으며, 성도는 그런 세상 안에 살고 있다.

아직도 사탄의 지배를 받고 있는 이 세상에 살고 있는 자들 곧 구세주 예수를 믿지 못하고 세상·마귀·사탄의 지배 아래 살아가는 죄인들이 옳고 그름에 대한 판결을 받는 심판대(롬 14:10) 앞에 서는 날이 오는데, 행악자들을 영원한 형벌에 처하실 심판 날은 예수님이 재림하시는 때(마 16:27; 행 17:31; 롬 2:16)이다.

인간의 삶에 대하여 옳고 그름의 판결을 내리는 심판에 관해 성경은 모든 사람이 죄를 범하였기 때문에 하나님의 영광에 이르지 못하며(롬 3:23), 모든 사람들이 하나님의 심판을 받는다고 말씀한다(롬 3:19-20). 공의로우신 하나님은(말 2:17; 롬 1:18; 히 12:23; 벧전 1:17, 2:23; 계 16:5) 죄에 대해 그 자신의 백성이건 아니건 모두 심판하시는 분이다(시 1:5; 겔 11:11, 14:21). 이 심판에서는 그 누구도 제외되지 않을 것이다(딤후 4:1; 히 12:23; 벧전 4:5).

그러나 예수 그리스도를 믿음으로 죄를 용서받은 성도는 불신자들과 달리 죄에 대한 정죄와 영원한 형벌이라는 심판을 받지 않는다(롬 8:1-2, '성도들이 받는 심판'을 참고하라). 악한 자에 대한 하나님의 저주로서의 심판은 예수님의 가르침에서 중요한 주제였다(마 5:22, 24:50-51, 25:41-46). 예수님은 하나님 아버지께서 이 심판의 책무를 자신에게 맡기셨다고 말씀하셨다(요 5:22-27).

요한계시록에 묘사된 마지막 심판에는 사탄도 그 대상에 포함된다(계 12:7-12, 20:11-15). 하나님의 심판은 미래에 있을 일만이 아니라 현재 인간의 역사 속에서도 이루어지고 있다(요 3:19, 8:50; 롬 1:18, 22, 24, 26, 28; 계 18:8).

성경은 심판의 근거로 예수 그리스도를 믿는 믿음을 말씀한다.

믿음이 있느냐 없느냐에 따라 영원한 형벌과 생명이 주어진다(롬 5:1). 그런데 한편에서는 하나님이 사람의 행위를 따라 심판하신다고 말씀한다(마 16:27, 25:31-46; 롬 2:6; 고전 3:8; 계 22:12). 얼핏 보면 이 두 기준은 서로 대치되는 모습을 띠고 있다. 이것을 이해하려면 성경이 말하는 칭의(믿음)와 선행(행위)의 관계를 알아야 한다.

믿음으로 예수 그리스도를 영접한다는 것은 예수 그리스도의 죽으심과 부활에 참여한다는 것을 말한다(롬 6:1 이하; 갈 2:20; 엡 2:5 이하; 골 2:20, 3:1 이하). 그러므로 믿음이 있는 사람은 그를 본받아 그대로 살아가는 사람을 말하며, 그리스도의 성품과 행위가 삶 속에 나타나야 한다(약 2:18 이하).

이러한 성도의 선행은 자기 의에 근거한 것이 아니라 예수 그리스도의 은혜 안에서 가능하다. 그러므로 행위를 기준으로 혹은 믿음을 기준으로 심판한다는 것은 동전의 양면과 같은 것이다.

성경은 예수 그리스도의 대속으로 그를 믿는 자는 결코 정죄함이 없으며 사망과 심판에 이르지 않는다고 말씀한다(롬 8:1-2). 그런데 성경 곳곳에서 성도들도 심판을 받는 것을 언급하고 있다(마 25:14-46; 눅 19:12-28; 고전 3:12-15; 고후 5:10; 롬 14:10; 벧전 1:17; 계 20:12). 성도들이 받는 심판은 죄인들의 심판과 다르다. 불신자들이 받는 정죄와 영원한 형벌에 대한 심판을 의미하지 않는다(롬 8:1-2).

성도 자신에게 맡겨 주신 재능, 시간, 물질, 은사, 기회, 책임 등을 어떻게 사용했느냐에 따라 칭찬과 책망 등 보상(상급)이 따르는 심판을 말하는 것이다(마 12:36; 롬 14:10; 엡 6:8; 골 3:24-25). 그러므로 교회 출석보다 먼저 예수를 믿어야 한다.

# 선택받은 백성의
# 심판 재촉

　인애와 신의를 상실한 결과로 북이스라엘의 일반 백성들이 타락했다. 그뿐 아니라 왕과 관리, 재판장 등 사회 지도층 인사들은 기득권 수호를 위해 왕위 쟁탈권을 벌이는가 하면(호 7:6) 환락에 빠지고(호 7:5) 치안을 교란하는(호 7:7) 등 심각한 도덕적 타락과 사회적 혼란이 일어났다.

　당시 정치적 상황을 보자. 여로보암 2세의 아들 스가랴는 살룸에게(왕하 15:10), 살룸은 므나헴에게 죽임을 당하였으며(왕하 15:14), 또 므나헴의 아들 브가히야는 베가에게(왕하 15:25) 그리고 베가는 호세아에게 죽임을 당했다(왕하 15:30). 여로보암 2세의 사후 20여 년간 6명의 왕이 차례로 암살당한 것이다. 이와 같이 정권을 잡기 위한 처절한 피 흘림과 빈번한 쿠데타는 하나님과 맺은 언약을 전적으로 무시한 것에서 비롯되었으며, 하나님께서는 온 이스라엘을 마치 강도를 대하듯이 정죄하셨다.

호세아는 음모자들의 행위를 뜨거운 화덕에 비유하여 그들의 욕망이 화덕처럼 타올랐음을 생생하게 표현하고 있다(호 7:7). 나라가 쇠퇴하는 것은 하나님을 등지고 우상을 숭배하고 간음한 죄의 보응이므로 왕을 갈아치워도 효력이 없다. 나라가 바로 서기 위해서는 모두가 회개하여 참 하나님께로 돌아가는 길밖에 다른 길이 없다. 호세아는 이렇게 혼란한 상황을 겪으면서도 여호와께 부르짖으며 회개하지 않는 이스라엘의 교만을 탄식하고 있다. 오늘날 성직자들이 보수라는 기치를 흔들며 정권의 우상 권력을 위해 몸부림치는 몰골들이 마치 북 이스라엘의 모습을 보는 듯하다.

하나님께서 이스라엘을 징계하신 것은 그들로 하여금 징계를 빨리 깨닫고 하나님께로 돌아와 축복받게 하기 위함이었다. 그런데 언약의 백성인 이스라엘은 즉시 깨닫고 하나님께로 돌아와 구속주이신 하나님을 의지하려고 하지 않고(호 7:8-10), 오히려 하나님을 대적하는 이방의 강대국들과 동맹을 맺고 그들의 우상을 숭배하며 세상의 힘을 의지한 결과, 멸망의 길을 걸을 수밖에 없었다(호 7:12-16). 이스라엘은 본래 하나님께서 자신의 소유로 삼아 거룩한 제사장 나라가 되도록 하기 위해 특별히 구별하여 세운 민족이었으므로(출 19:5-

6) 거룩하고 성결한 삶을 살아야 했다(레 11:45). 그렇지만 그들은 뒤집지 않고 구운 과자(호 7:8, 바닥은 타고 윗부분은 익지 않아 쓸모없어진 과자)처럼, 한편으로는 형식적인 여호와 신앙을 가지고 있고, 다른 한편으로는 이방의 우상을 섬김으로 이방인처럼 세속화되고 말았다.

이러한 이스라엘의 모습을 통해 현재 기독교인들의 속내가 훤히 드러난다. 교회는 다녀도 인본주의, 물질주의, 세속화에 신본주의 신앙이 여지없이 무너져 버린 현실을 지적하는 경고로 들린다. 이제 하나님께서는 그들을 징계하시어 이방 나라들의 조롱거리가 되게 하실 것이다(호 7:16).

호세아는 외국 세력에 의존하는 이스라엘의 처지를 어리석은 비둘기에 비유했는데(호 7:11), 실제로 북이스라엘의 므나헴은 아시리아(앗수르) 왕 불이 쳐들어왔을 때 그 힘을 역이용하려고 뇌물을 바쳤다(왕하 15:19-20). 그런데 호세아 왕이 아시리아에 조공을 바치다가 이집트와 손을 잡았는데(왕하 17:3-4) 오히려 그것이 이스라엘이 패망케 된 원인이 되었고 이스라엘은 조롱거리가 되고 말았다(왕하 17:4-8). 이스라엘은 자신들을 부강한 나라로 키워주신 여호와를 저버렸을 뿐 아니라 그들을 끝까지 돌이키려고 하신 여호와의 뜻도 완전히 거부했다.

현대의 종교인들도 이처럼 이미 신앙의 도리를 넘어섰다. 미국의 감리교단 총회는 동성애를 합법으로 인정하여 동성결혼한 목사들이 희희낙락하며 여호와를 조롱하고 있다. 또한 인간들의 이기적인 개발과 과학의 발달로 하나님이 창조하신 자연이 파괴되어 하나님께서 이 땅에 폭설과 혹한, 폭우와 홍수, 태풍(토네이도), 지진과 쓰나미, 가열된 열대야(40~50도) 현상, 가뭄과 기근을 보내심으로 생물은 물론 심지어 수십, 수천만 명의 생명들이 죽었고, 지금도 죽어 가고 있다. 그리고 러시아에서 기능이 상실된 우주선을 파괴하는 연습으로 우주적 종말을 재촉하여 우주 전쟁의 서막이 올랐다. 세상은 암흑으로 변하고 핵폭탄은 지구를 멸망시키고 남을 정도로 쌓여 있다. 인류 패망을 자초하려는 듯 거짓말하는 사람들이 악의 무리가 되어 사회를 더욱 혼란스럽게 흔들고 있다.

또한 일부이긴 하지만 영적 눈이 멀고 귀가 멀어 하나님의 뜻을 부인하며 악의 무리에 주눅 들어 버리는 것이 안타까울 뿐 아니라, 이것은 큰 문제이기도 하다.

# 성령 감동 1

**1판 1쇄 인쇄** _ 2024년 11월 1일
**1판 1쇄 발행** _ 2024년 11월 5일

**지은이** _ 김성철
**펴낸이** _ 이형규
**펴낸곳** _ 쿰란출판사

**주소** _ 서울특별시 종로구 이화장길 6
**편집부** _ 745-1007, 745-1301~2, 743-1300
**영업부** _ 747-1004, FAX 745-8490
**본사평생전화번호** _ 0502-756-1004
**홈페이지** _ http://www.qumran.co.kr
**E-mail** _ qrbooks@daum.net / qrbooks@gmail.com
**한글인터넷주소** _ 쿰란, 쿰란출판사
**페이스북** _ www.facebook.com/qumranpeople
**인스타그램** _ www.instagram.com/qrbooks
**등록** _ 제1-670호(1988.2.27)
**책임교열** _ 최진희·이주련

ⓒ 김성철 2024  ISBN 979-11-6143-991-4  03230

책값은 뒤표지에 있습니다.
이 출판물은 저작권법에 의해 보호를 받는 저작물이므로 무단 복제할 수 없습니다.
파본(破本)은 구입처에서 교환해 드립니다.